Lama Anagarika Govinda

Der Anfang ist das Ziel

HERDER spektrum

Das Buch

Wer möchte nicht eines Tages aufwachen und die Welt mit neuen Augen zu sehen beginnen? Doch dazu bedarf es des verstehenden Sich-Öffnens der ganzen Person. Denn was nützt es dem Menschen, wenn er zwar eine Idee begriffen und ihre Richtigkeit eingesehen hat, sich aber in seinem Inneren nicht davon berühren lässt und dementsprechend sein Leben und Handeln, sein Fühlen und Denken nicht darauf einstellt? Lama Govinda zeigt auf eindringliche Weise, wie es Buddha gelingt, die Weisheit eines tugendhaften Lebens in seiner Lehre so anklingen zu lassen, dass sie in dem Hörer so lange und intensiv schwingt, bis alle Seelenkräfte in Mitschwingung geraten. So kann die Erkenntnis tiefer dringen. Das gilt in besonderem Maße für das meditative Erleben und Erkennen, das das ganze menschliche Wesen umfasst und nicht nur seinen Intellekt, sondern auch seine Wahrnehmung, seine Visionen, seine emotionalen und intuitiven Fähigkeiten anspricht.

Es ist ein solcher Weg, der aus dem alten Indien in die religiöse, soziale und kulturelle Gegenwart des 21. Jahrhunderts führt – ein Weg voller Freude, Liebe und Mitfreude, aber auch nicht ohne Leiden, Mitgefühl und Sorge um das Wohlergehen aller Lebewesen. Schließlich ist es besser, so Lama Govinda, geliebt *und* gelitten zu haben, als nie ein Liebender gewesen zu sein. Und Liebe, die nicht egoistisch ist, kann so wenig wie meditative Einsicht erzwungen werden. Vielmehr kommt es zu einem spontanen Erleben, das sich aus dem kontinuierlichen Strom unseres Bewusstseins herauskristallisiert. Dann ist unser Geist im Einklang mit unserem Körper und mit der tiefen Schönheit der Welt. Es zeigt sich: Unser Leben und die Welt haben so viel „Sinn", wie wir ihnen zumessen und in sie hineinlegen.

Ein persönliches Buch, das sich an Herz und Geist aller Menschen wendet, die sich von der Klarheit des Gedankens und der Leuchtkraft der Sprache eines der großen spirituellen Lehrer des 20. Jahrhunderts inspirieren lassen wollen.

Der Autor

Lama Anagarika Govinda wurde 1898 als Ernst Lothar Hoffmann in Sachsen geboren und ging 1929 nach Sri Lanka, Burma und Indien, wo er sich von berühmten Lehrern in den Buddhismus unterweisen ließ und sich als Künstler, Schriftsteller, Gelehrter, Philosoph und Mystiker einen Namen machte. 1933 gründete er den Orden Arya Maitreya Mandala. Bis zu seinem Tod im Jahre 1985 zahlreiche Veröffentlichungen, Gemäldeausstellungen und Vortragsreisen in aller Welt.

Lama Anagarika Govinda

Der Anfang ist das Ziel

Weisheit für unsere Zeit

Herausgegeben von Rose Kasper

Herder
Freiburg · Basel · Wien

In diesem Buch, das sich an eine breite Öffentlichkeit wendet, wurde bewusst auf die wissenschaftliche Schreibweise der verwendeten Fachausdrücke bzw. Zitate aus der Pali- oder Sanskrit-Sprache verzichtet.

Der Herausgeber

Gedruckt auf umweltfreundlichem,
chlorfrei gebleichtem Papier

Originalausgabe

Alle Rechte vorbehalten – Printed in Germany
Verlag Herder Freiburg im Breisgau 2000
© Herausgeber: Der Orden Arya Maitreya Mandala c/o Rose Kasper,
Weißdornweg 4, 72076 Tübingen
Umschlaggestaltung und Konzeption:
R·M·E München / Roland Eschlbeck, Liana Tuchel
Umschlagmotiv: Gemälde von Lama Anagarika Govinda:
Blick zum Bergmassiv des Chomolhari,
davor der Hochlandsee Ram Tso, Südtibet,
Pastell 1935, © Li und Lama Govinda-Stiftung
Satzbearbeitung: Fotosetzerei G. Scheydecker, Freiburg i. Br.
Herstellung: Freiburger Graphische Betriebe 2000
ISBN 3-451-05051-X

Inhalt

Zum Geleit

Lama Anagarika Govinda war Künstler, Schriftsteller, Gelehrter, profunder Kenner östlicher Religionen, wissenschaftlicher Forscher, Philosoph, Mystiker, Gründer eines Ordens – des Arya Maitreya Mandala. Als man ihn um die Zeit seines 75. Geburtstages fragte, wie er in einem kurzen Satz das umreißen würde, was er als den selbst gesetzten Sinn seines Daseins betrachte, sagte er spontan: *„... auf dem Wege zur Ganzheit"*.

Im tiefsten Sinne des Wortes ein *„Anagarika"* – ein „Hausloser" –, war er ein Mensch, der mit offenen Augen auf dem Wege war, der vom Ziel nicht mehr zu trennen ist, ein Weg der Begegnungen mit den anderen, die eine Zeit lang Weggefährten waren, um dann wieder – ohne Trauer – an einer Weggabelung voneinander Abschied zu nehmen mit dankbarem Erinnern an die gegenseitige Förderung auf der gemeinsam erwanderten Wegstrecke.

Es war sein innerstes Anliegen, all jene zu inspirieren, die sich auf das Wagnis und Abenteuer des geistigen Pfades eingelassen hatten, beizutragen zur Schaffung einer Welt, in der Menschlichkeit und universelle Verantwortung gegenüber der Ganzheit des Lebens eine zentrale Stellung einnehmen. So bedarf es eines „schöpferischen" Aktes, jenen Weg, den der Buddha vor 2500 Jahren wies, unserer Zeit und den Erfordernissen der Gegenwart entsprechenden darzulegen.

Wiederholt betonte er: „Achtet darauf, dass das Essentielle der östlichen Weisheit der vergangenen Jahrtausende erhalten bleibt, und dies, ohne das Erbe der eigenen Kultur zu verleugnen und auszuklammern. Wir sollen die Wurzeln, aus denen wir gewachsen sind, weder leugnen noch abschneiden, denn eben diese Wurzeln befähigen uns auch, die *Essenz* dessen aufzunehmen, was die unterschiedlichsten Kulturen Asiens – aus denen sich der Buddha-Dharma herauskristallisierte – entwickelt haben."

Als künstlerischer Mensch versuchte er die Botschaft des Buddha auf zwei Ebenen verständlich zu machen: auf der Ebene des gemalten und der des „formulierten" Bildes. Immer wieder betonte er, dass zutiefst Empfundenes und Gefühltes nach Möglichkeit formuliert werden soll, denn ohne einen Körper kann der Geist sich nicht offenbaren.

Diesen „schöpferischen" Ansatz sollten wir uns immer wieder vergegenwärtigen, wenn uns Heutigen die Sprache Lama Govindas zunächst schwierig erscheinen mag:

„Wir müssen Sprache wieder in ihrer unmittelbaren Bedeutung erleben, sie wieder in ihrer unmittelbaren Erlebniskraft gebrauchen und sie nicht zu einem bloßen Mittel herabsetzen, das, als solches belanglos und hohl, nur den augenblicklichen Behälter des Mitzuteilenden darstellt."

So mag für diese kleine Anthologie aus dem Schatz seiner Belehrungen der Hinweis hilfreich sein, die Worte nicht nur zu lesen, sondern zu hören – mehr noch: ihnen zu lauschen, über sie nachzusinnen, denn „alles Hörbare haftet am Unhörbaren" (Novalis).

Nicht belehren möchte er in seinen Werken, sondern heranführen und inspirieren zu eigenem schöpferischen, meditativen Entfalten. Seine Darlegungen zur Meditation zeigen Grundlagen und Voraussetzungen auf für das Erfahren eines schöpferischen Augenblicks. Lama Govinda bietet keinen Instant-Buddhismus an: Meditationsübungen sind nicht schematisierbar.

‚Ein wahrer Lehrer ist nicht jemand, der sich anderen aufdrängt, sondern vielmehr einer, der in einem anderen Menschen angelegte Eigenschaften sich entfalten läßt.'

Der Herausgeber

1. KAPITEL

Worte sind Siegel des Geistes

Buddha und die Macht der Sprache

Wir haben verlernt, die Sprache in ihrer unmittelbaren Bedeutung zu erleben. Verlernt haben wir in gleichem Maße, sie in ihrer unmittelbaren Erlebniskraft zu gebrauchen. Sie ist uns zu einem bloßen Mittel herabgesunken, das, als solches belanglos und hohl, nur den augenblicklichen Behälter des Mitzuteilenden darstellt.

Wie die Bauwerke unserer Zeit nur zweckentsprechende Umkleidungen notwendiger Räume sind, wie unsere Schrift nur der notdürftige Träger unserer nur allzu flüchtigen Gedanken ist – so das Wort noch in erhöhtem Maße. Wir haben uns angewöhnt, das Material unserer verschiedenartigen Schöpfungen zu verachten und haben uns damit von der großen Einheit der Gestaltung entfernt, uns einer der größten Ausdrucksmöglichkeiten beraubt.

Nicht umsonst wurden die alten Tempel und Denkmäler der Vorzeit aus gewaltigen Blöcken erbaut, von denen jeder einzelne die Wucht der Gesamtmasse wiederholte und in sich zur Darstellung brachte.

Nicht umsonst wurden ungeheure Massen aufeinander gewuchtet, Mauern und Wände von unheimlicher Dicke geschichtet, unbekümmert um Kraftverschwendung, Nutzbarkeit oder Zweckmäßigkeit; denn man verstand noch die Wirkung der Masse zu werten, man begriff noch ihre dröhnende Sprache.

Nicht umsonst wurden in ferne Felsenberge riesenhafte Höhlenräume gemeißelt, die, weder Speicher noch Wohnungen und jedem profanen Zweck abhold, nur durch ihre eigene Raumgestaltung wirken sollten.

Nicht umsonst schrieben andächtige Mönche heilige Texte und tiefe Gedanken auf Blätter und in Büchern nieder, deren jedes ein Kunstwerk war und in denen jeder Buchstabe mit der Sorgfalt eines Ornamentes behandelt wurde. Wenn wir die auf wohlzubereitete Palmenblätter gravierten, kunstvoll verschlungenen Schriftzüge ceylonesischer Mönche sehen oder die sorgsam gemalten Pergamente des Mittelalters, dann fühlen wir die ganze Hingabe und Liebe, die jene Menschen ihrer Arbeit gewidmet haben, und wir verspüren den Hauch jener weltabgeschiedenen erhabenen Gedankensphäre, der solche Werke entsprangen.

Wie würden wir modernen Menschen vor dem Urteil eines Unbefangenen bestehen, dem unsere Schriftzüge zu Gesicht kämen? – Er würde sich wohl kaum verwundern, wenn er wüsste, wie wenig das Wort bei uns heutzutage gewertet wird, und noch weniger würde er sich wundern, wenn er wüsste, welche Empfindungen wir mit dem Begriff „Zeit" verbinden. Mit diesem verbinden wir nämlich nicht die Empfindung von etwas stets Gegenwärtigem oder einem von uns abhängigen (zu formenden) Element, sondern die Empfindung von einem unerbittlichen, uns rastlos treibenden, mühsam zu erkämpfenden, und je schwerer erkämpft, desto rascher entgleitenden Element, in dessen Abhängigkeit wir schmachten.

Aus dieser Tatsache heraus ist es nur verständlich, dass die Sprache ihren tiefen, ruhigen Klang verloren hat und dass wir nicht mehr die Muße haben, ihrem Mysterium zu lauschen.

Wer heutzutage ein Buch liest oder auch nur eine Abhandlung, der geht an die Lektüre mit der Voraussetzung heran, dass ihm etwas Neues mitgeteilt werde – sei es eine neue Tatsache oder Idee oder die Weiterentwicklung irgendeiner bekannten Tatsache oder Idee. Auf alle Fälle kommt es ihm auf einen bestimmten, intellektuell registrierbaren, scharf umrissenen Inhalt an, den er seinem Wissensschatz neu einverleiben kann.

Er beginnt zu lesen mit der Absicht, möglichst bald zu Ende zu kommen, so wie man einen Weg geht, um zu einem bestimmten Ziel zu gelangen. Es kommt ihm allein auf das Ergebnis (Resultat) an, und der geradeste, direkteste Weg hierzu gilt als der beste. Lange Wege sind für ihn nur dann gerechtfertigt, wenn sie zur Erhöhung der Spannung beitragen. Dieses ist geradezu das Hauptelement der modernen Literatur und eben gerade das, was der alten, insbesondere der altorientalischen, fast ganz fehlt. Wir verlangen, dass unser Interesse erregt wird, wir selbst wollen geistig mithandeln, intellektuell aktiv beteiligt sein. Das wichtigste Mittel hierzu ist die Logik, das Prinzip folgerichtiger Gedankenentwicklung. Entwicklung jedoch ist im geistigen Sinne das Gleiche, was „Weg" im räumlichen, „Spannung" im architektonischen und „Bewegung" im physikalischen Sinne ist.

Doch damit will ich keineswegs sagen, dass dieses bewegende, entwickelnde Prinzip von vornherein mit einer Entfremdung der Erlebnistiefe identisch sein müsse, weil mit der Individualisierung und Intellektualisierung im Allgemeinen die Lösung vom Urgrund des Erlebens beginnt.

Was nun die Sprache Buddhas beziehungsweise der buddhistischen Urtexte betrifft, so unterscheidet diese sich – abgesehen von der schon an sich verschiedenen Ausdrucksweise jener Zeit – von der unseren dadurch, dass diese Lösung vom Urgrund des Erlebens noch nicht stattgefunden hat, dass sie im Gegenteil noch die volle Erlebniskraft widerspiegelt. Das Grunderlebnis aber, von dem alles ausgeht und zu dem wieder alles hinleitet, ist die Meditation.

Nur von dieser aus ist ein Verständnis der frühbuddhistischen Sprachform möglich.

Man muss begreifen, dass weitaus die meisten Buddhareden gar nicht bezweckten, Neues mitzuteilen oder Bekanntes zu erklären, sondern dass sie in den Hörern einen Zustand höherer Empfänglichkeit für das Mysterium der Meditation vorbereiten wollten. Buddha selbst formulierte den Inhalt seiner Idee in wenigen fundamentalen Leitsätzen, und daraus geht hervor, dass er sich seiner Redeweise und ihrer Wirkung voll bewusst war und es sehr wohl verstand, sich auf wenige Worte zu beschränken.

Doch Buddha war mehr als ein Philosoph und exakter Wissenschaftler. Er war Künstler im wahrsten Sinn des Wortes, denn er wusste, dass das Höchste und Letzte sowie das aller-innerste Erleben nie in dürftigen, alltäglichen Worten, sondern nur im Kunstwerk geahnt und nacherlebt werden kann.

Nicht die Exaktheit des Ausdrucks oder der Bestimmung, sondern vielmehr die Andeutung des Unbestimmbaren, Unaussprechbaren und Unerklärbaren machen den Sinn der Kunst aus und erheben sie über die Wissenschaften. Diese Andeutung aber soll so beschaffen sein, dass sie in den das Kunstwerk Betrachtenden eingeht und in ihm so lange und intensiv schwingt, bis alle Seelenkräfte in Mitschwingung geraten und sich zum Erlebnis dessen ausgestalten, was das Kunstwerk anzudeuten beabsichtigte und was für den Künstler der Ausgangspunkt des Schaffens war.

In den Reden des Erhabenen finden wir alle diese Züge des echten Kunstwerkes. Er versetzt den Hörer ganz allmählich und ohne ihn gewaltsam aus seiner Gemütsverfassung zu reißen in Mitschwingung mit seinem eigenen Geiste: den Schwachen zusammenraffend, den Zerstreuten sammelnd und den Unruhigen beruhigend. Die Schwingungen schließen sich zu Kreisen, und die Kreise schwingen immer enger und enger um das Zentrum der leitenden Idee. So wird eine doppelte Konzentration hervorgerufen: einmal eine allgemeine seelische und durch die ungemein beruhigende und zusammenfassende Art des rhythmischen Aufbaus wirkende und zum anderen eine gedankliche und ideelle durch planmäßiges Hinleiten auf die Idee und die Rhythmik der Wiederholung, die den erfassten Gedanken dem Geist des Hörers einprägt. Ja, mehr noch als eine bloß intellektuelle Einverleibung seiner Ideen will Buddha mit seinen Reden erreichen: Er will auch – oder sogar hauptsächlich – auf die unterbewussten Gestaltungskräfte wirken, das heißt einen unmittelbaren Einfluss auf das menschliche Gemüt ausüben. Denn er erkannte ganz richtig: Was nützt es dem Menschen, wenn er eine Idee begriffen oder ihre Richtigkeit eingesehen hat, ohne dass er sich in seinem Inneren davon berühren lässt und dementsprechend sein Leben und Handeln, sein Fühlen und Denken einstellt? Wohl der größte Teil der Menschheit ist von der Wahrheit und Größe religiöser oder philosophischer Ideen überzeugt. Aber warum handeln die Menschen nicht danach? Viele sicher aus scheinbar unüberwindlicher Charakterschwäche, die meisten aber – und das ganz speziell im europäischen Kulturkreis –, weil die Erkenntnis nicht eine seelische, sondern nur eine intellektuelle Anerkennung ist. Die Überzeugung ist nicht tiefer gedrungen.

Zum Miterleben also will Buddha seine Hörer auffordern, zum eigenen Erleben seiner großen Wahrheiten des Lebens. Der Satz *sabbe sanskara dukkhati* (alles Gestaltete wird als unbefriedigend, begrenzend und letzlich leidhaft erlebt) könnte in seiner Selbstverständlichkeit fast trivial erscheinen, wenn man ihn nicht unter dem Gesichtspunkt des Erlebens und der Befreiung beurteilte. Immer und immer wieder führt uns der Erhabene in den verschiedensten Formen vor dieses Urphänomen des Lebens, bis wir begreifen, dass es nicht nur ein solches *gibt,* sondern dass es in uns stets gegenwärtig *wirkt.*

Nur der hat den Tod überwunden, der ihn ins Leben eingeschlossen hat, indem er sich seiner Wirksamkeit stets bewusst ist. Wenn Buddha so ausführlich bei der Betrachtung des Todes und seiner Wirkungen verweilt, so will er damit nicht die triviale Wahrheit „der Mensch ist sterblich" verkünden – das weiß ohnehin jeder –, sondern er will in seinen Mitmenschen das unmittelbare Erlebnis des Todes hervorrufen. Wenn man jemandem sagen würde: „Du musst sterben, denn das ist des Menschen Los", so würde der Betreffende antworten: „Das weiß ich", ohne nur im Geringsten die Ruhe zu verlieren. Wenn man aber zu demselben Menschen sagte: „Du musst *jetzt* sterben!", so würde das eine ganz andere Wirkung haben. Er würde in einem Augenblick, ohne die Notwendigkeit irgendwelcher intellektueller Reflexionen die Bedeutung dieser Worte *erleben*, innerlich an ihnen teilnehmen, sich mit ihnen identifizieren. Eine solche Einstellung auf die erlebnisbefähigende Gegenwart erzielt der Buddha durch seine bei jedem Gegenstand lange verweilenden, ihn dadurch festhaltenden, ihn gegenwärtig erhaltenden Betrachtungen; und somit wird nicht die Tatsache des Leidens und der Erlösungsnotwendigkeit als Begriff verstanden, sondern als Erlebnis empfunden.

Wie stark weiß der Buddha durch seine rein formale Sprachgebung allein die Stimmung des Heilsbeflissenen, der Erlösten und des Nirvana-Zustandes auszudrücken, wogegen alle Definitionen ärmlich und unzulänglich erscheinen. Eine ruhige, abgeklärte Heiterkeit dringt uns allenthalben entgegen und verklärt selbst diejenigen Darstellungen, die von den düsteren Seiten des Lebens reden. Ruhe und Heiterkeit sind geradezu Grundelemente der Sprache des Buddha und geben allem, was er sagt, eine eigene, neue und unübertragbare Bedeutung. Die rein inhaltlich-gedankliche Wiedergabe irgendwelcher Buddhaworte ist darum nie fähig, ihren tiefsten Sinn zu offenbaren, geschweige denn zu erschöpfen. Diese ganz spezifische Stimmung der Urtexte ist es auch, die sogleich den inneren Kontakt mit dem Hörenden oder Lesenden herstellt, so dass dieser sich augenblicklich von seinem alltäglichen Gedankenkreis befreit und in jene religiöse, konzentrative Sphäre emporgehoben fühlt. Schon der Rhythmus der stereotypen Einleitungssätze versetzt den Hörer in einen Zustand ruhiger Aufnahmefähigkeit und Aufnahmebereitschaft. Sie wirken fast wie die alten Formeln der *Brahmanas* und *Upanischaden,* die den Sprecher sowie den Hörer in den Machtbereich magischen Wirkens erhoben.

Wer sich davon überzeugt hat, welch überragender Wert der Sprache in jener frühbrahmanischen Zeit beigemessen wurde, der begreift erst, welche Bedeutung sie auch für den Buddha noch haben musste.

Außerdem muss man bedenken, dass er in einem Zeitalter lebte, in dem die Schrift noch eine ganz untergeordnete Rolle spielte und die Überlieferung fast ausschließlich von Mund zu Mund weitergegeben wurde. Es ist selbstverständlich, dass hier an die Rede ganz andere Anforderungen gestellt wurden als etwa in unserer Zeit. Diese Anforderungen waren weit höher als diejenigen, welche man an ein Schriftstück von literarischer Bedeutung stellen würde. Denn Inhalt und Form müssen einander in vollkommenster Weise entsprechen, eines das andere verstärken und steigern. Jede Bewegung und Wendung des Inhalts muss daher auch formal entsprechend gestaltet sein. Nichts Zufälliges, Momentanes kann in einer solchen Rede Eingang finden, und jeden auftauchenden Gedanken lässt man voll ausschwingen.

Wie in einem Lied Text und Noten miteinander gehen, so hier Inhalt und Sprachform. Und wie im Liede außer dem Rhythmus der Wiederholung gewisse Klangformen der Aufnahmefähigkeit, dem Empfinden und dem Gedächtnis Erleichterung und Anhalt bieten, so wirken auch hier Rhythmik und Wiederholung.

Nur so ist es zu begreifen, dass die Reden des Buddha

seine Jünger so stark beeindruckten und sie sich ihrem Gedächtnis einprägten und dass sie Jahrhunderte hindurch auf dem Wege der Rezitation überliefert werden konnten. Jeder, der heutzutage nur einmal aufmerksam die buddhistischen Urtexte liest, kann an sich selbst die gedächtnisbeeindruckende Wirkung erproben: Das einmal Gelesene wird ihm für lange Zeit unvergesslich im Geiste haften bleiben wie eine tiefsinnige Melodie.

Musik ist die dieser Sprache am nächsten stehende Kunstform. Dieselben Elemente, die dem Aufnehmenden als mnemotechnische Hilfsmittel dienen, wirken zugleich auch als Steigerungsfaktoren; so besonders die sich wiederholenden Lautgruppen und Gedankenkomplexe, die auf ihre letzte Zusammenfassung und Auflösung hinleiten. Die Hauptaufgabe beider Ausdrucksformen jedoch, sowohl der sprachlichen des Buddha wie derjenigen höherer Musik, ist es, einem jeden die Richtung und den Weg zu sich selbst, d. h. zum eigenen Inneren zu weisen.

Dass dies des Buddha vornehmstes Ziel war, zeigt die überragende Stellung, welche die Meditation in dem von ihm verkündeten Heilspfade einnimmt. Wer tiefer sieht, wird sogar finden, dass die Meditation nicht nur ein wichtiges Glied des Heilspfades ist, sondern dass Buddhas Sprache selbst aus der Meditation geboren ist, in ihrem innersten Wesen das Wesen der Meditation widerspiegelt und den Verstehenden wiederum zur Meditation hinleitet. Doch wenige nur sind Verstehende. Eines aber kann jeder empfinden: den alle Erregungen und Zerstreuungen aufhebenden Rhythmus, die Konzentrierung großer Gedankengruppen, die Anleitung zum eigenen Zuendedenken auftauchender Probleme und endlich jene von Heiterkeit und Ruhe durchtränkte Grundstimmung, die sich wie ein schützender Wall gegen alles Störende, Beunruhigende um ihn breitet, so dass er sich wie in weltferner Klause mit sich selbst allein seiend empfindet.

2. KAPITEL

Perspektiven des Buddhismus für die Welt von morgen

Religionen können nicht intellektuell geschaffen werden

Sie wachsen entsprechend den ihnen innewohnenden universellen Gesetzen, so wie eine Pflanze wächst. Sie sind natürliche Offenbarungen des Geistes, an denen das Individuum teilhat. Die Universalität ihrer Gesetzmäßigkeit bedeutet jedoch nicht zwangsläufig, dass sie stets Gleiches hervorbringt. Vielmehr bewirkt dasselbe Gesetz, dass unter unterschiedlichen Bedingungen verschiedenartige Formen und Inhalte entstehen.

Wir müssen uns daher hüten, ausgehend von der Ähnlichkeit gewisser Formulierungen im Buddhismus und bei einigen europäischen Denkern und Mystikern oder modernen Existentialisten, Wissenschaftlern und Psychologen, uns zu einer alles nivellierenden Gleichsetzung verführen zu lassen, die in ihrer Pseudowissenschaftlichkeit alles und nichts glaubt, um dann diesen wirren Synkretismus als „religiöse Toleranz" und als das „Wesen aller Religiosität" schlechthin zu erklären.

So wie die Schönheit eines Gartens gerade in der Vielfältigkeit und Verschiedenartigkeit seiner Bäume und Blumen besteht, die alle ihre besondere Art und Vollkommenheit besitzen, so erhält auch der Garten des Geistes seine Schönheit und seinen lebendigen Sinn durch die Vielfältigkeit und Verschiedenartigkeit seiner Erlebnis- und Ausdrucksformen. Und so wie die Lebensgemeinschaft eines Gartens darin besteht, dass alle Bäume und Pflanzen aus dem gleichen Boden wachsen, die gleiche Luft atmen und sich der gleichen Sonne entgegenstrecken, so wachsen auch alle Religionen und deren unterschiedlichste Schulen aus dem gleichen Boden innerer Wirklichkeit und nähren sich von denselben kosmischen Kräften. Hierin liegt ihre Gemeinsamkeit.

Ihr Charakter und ihre eigentümliche Schönheit jedoch – und darin besteht der ihnen innewohnende Wert – beruht auf jenen Wesenszügen, in denen sie sich voneinander unterscheiden und die sie auf einmalige Art vollkommen erscheinen lassen. Deshalb sollte man nicht versuchen, die Unterschiede zwischen den Religionen beziehungsweise zwischen ihren Schulen einfach wegzuerklären, noch sollte man sie bagatellisieren oder als fehlerhafte Auslegungen und Missverständnisse bezeichnen, um auf diese Weise zu jener abstrakten „Übereinstimmung" oder gar „absoluten Einheit" zu gelangen, die dann zur „einzigen Wirklichkeit" erklärt wird. Ein solcher Versuch würde das Wesen des Religiösen zerstören.

Echte Religiosität basiert auf einem aus Hingabe geborenen, sich öffnenden, religiösen Erleben, das alle Zeichen der Spontaneität besitzt und dessen Grundanliegen jenes Streben des Menschen ist, über sich selbst hinauszuwachsen. Ein religiöser Mensch ist deshalb nicht jener, der an bestimmte Dogmen glaubt oder der von der Wahrheit gewisser Lehren überzeugt ist oder der gewisse moralische Vorschriften befolgt, sondern vielmehr derjenige, der die Kraft, die Fähigkeit und den Willen zur Hingabe besitzt, womit der dem Menschen eingeborenen natürlichen Tendenz zum Egoismus entgegengewirkt wird. Religion ist also kein „Mittel", sondern trägt – ebenso wie das Leben – ihren Sinn in sich selbst.

Maßstäbe wie „gut" und „böse" haben nichts mit Religion als solcher zu tun. Moral ist bestenfalls ein Nebenprodukt der Religiosität, niemals aber der Zweck der Religion. Moralische Menschen sind oft gänzlich unreligiös, während unmoralische Menschen vielfach erstaunlich religiös sind.

Die Lehre des Buddha – sein Dharma – ist keine Glaubensreligion. Seine Grundlage ist die ununterbrochene Arbeit an uns selbst, die uns zu unseren Quellen – dem meditativen Erleben und Erkennen – führt als eine Religion, die in jedem erneut wiedergeboren werden muss. Um jedoch die meditative Erfahrung nicht durch vorgegebene Ansichten und Suggestionen zu gefährden und das spontane Erleben und Erfahren von vornherein zu blockieren, müssen wir uns von der Herrschaft altübernommener Begriffe – die uns leicht in dogmatischer Enge erstarren lassen – befreien. Denn Begriffe – als Abstraktionen von Erfahrungen oder Erfahrbarem – haben ihr Eigenleben und sind im Laufe der Jahrhunderte einem Wandel unterworfen, so dass sie sich oft in späterer Zeit von dem ursprünglich dahinter stehenden Grunderlebnis immer weiter entfernen. Begriffsgleichsetzungen sind daher grundsätzlich nur in einem zeitlich engen Rahmen eines bestimmten Kulturkreises möglich.

Man kann zweifellos jede echte religiöse Ausdrucksform, gleichgültig, ob man sie persönlich akzeptiert oder nicht, als eine Gestaltung des vielfältigen Lebens respektieren, ohne unsere eigenen Vorlieben zum Maßstab unseres Urteils zu machen. Dabei kommt es darauf an, jene immer wache und offene Empfangsbereitschaft unseres Geistes zu erhalten, die sich keiner Erscheinungsform verschließt, aber alles Echte vom künstlich Gemachten zu unterscheiden fähig ist. Auf diese Weise wird man in der Lage sein, unbeirrt den eigenen Weg zu gehen und die Wege der anderen zu verstehen, ohne sie nachzuahmen.

Dabei ist es keineswegs notwendig, alle Wege und Ausdrucksformen geistigen Lebens zu kennen. Denn nicht derjenige ist weise, der viele Dinge weiß, sondern der, der jederzeit bereit ist, sein Wissen dort zu erweitern, wo ihm Unbekanntes begegnet. Unwissenheit besteht in einem sich verschließenden oder sich blockierenden Geist, der zur Aufnahme von Neuem nicht bereit ist, gleichgültig, ob er viel oder wenig Tatsachenwissen angehäuft hat. Weisheit hingegen ist das Kennzeichen eines offenen Geistes, und Nirvana – die Freiheit von Gier, Hass und Wahn – ist zugleich auch Freiheit von allen Vorurteilen, da Gier als blindes Begehren, Hass als blinde Abweisung und Wahn als die alles verdunkelnde Ichbezogenheit das vollkommene Sich-Öffnen und die Aufnahmebereitschaft für alles, was das Leben bietet, verhindern.

Der Buddhismus ist vergleichbar einem riesigen, lebenden Baum, der nur als Ganzes lebensfähig ist: Man kann nicht nur den Stamm haben wollen oder nur die Blätter oder nur die Blüten oder die Samen! Man muss Wurzeln, Stamm, Äste, Zweige, Blätter, Blüten und Samen als Einheit erfahren. Man muss erkennen, dass dieser Baum einmal aus einem Samenkorn hervorgegangen und gewachsen ist und weiterwachsen wird nach dem ihm innewohnenden Gesetz. Es wäre töricht, wollte man die Entwicklung des Baumes aus dem Samen und seine immer reichere Entfaltung leugnen: Wer das Wachstum des Baumes auf ein bestimmtes Stadium fixieren möchte, würde ihm das Leben nehmen. Genau so töricht aber wäre es auch, wenn man nur einen bestimmten Teil des Baumes nutzen wollte in dem Glauben, man habe damit das Wesen des ganzen Baumes erfasst.

In all den Ländern, wo der Buddhismus Wurzeln geschlagen hat, hat er sehr typische nationale und kulturelle Züge angenommen und das selbst da, wo im gleichen Lande sich verschiedene Schulen auf der Grundlage unterschiedlicher indischer Traditionen entwickelten.

Die Geschichte des Buddha-Dharma hat immer wieder die ihm innewohnende ungeheure Dynamik bewiesen, die unter Beibehaltung alles Essentiellen stets neue, den Kulturen und Zeiten angepasste Interpretationen und Wege entwickelte. Wie allen Religionen, so drohte und droht dem Buddhismus von eh und je die größte Gefahr von seiten der Dogmatiker, Scholastiker und den dem Gestern verhafteten Traditionalisten, die alle unfähig waren, schöpferisch in der Richtung weiterzugehen, in die der Buddha wies; denn diese Menschen sind so fixiert und in ihrem Gesichtswinkel eingeengt, dass sie zwar alles unbesehen schlucken, was eine teilweise längst überholte Tradition ihnen anbietet, dabei aber aufgrund ihrer Verkrampftheit unfähig sind, das Überkommene durch sich hindurchgehen zu lassen, um das Wesentliche zu absorbieren und zu assimilieren, das andere aber auszuscheiden.

Ich sehe wohl, dass viele junge Menschen hier im Westen sich ganz in die eine oder andere asiatisch-buddhistische Schule begeben und minutiös und gewissenhaft alle Formen imitieren. Nun hat es immer Menschen gegeben, die in einer Vergangenheit lebten und sich an dieser orientierten, sei es nun an der der eigenen oder einer anderen Kultur. Doch eine derartige Orientierung darf nicht zu einer Flucht in das längst Gewesene führen, so dass ein solcher Mensch an sich selbst und der eigenen Zeit und Kultur vorbeilebt. Es gilt darum, den Menschen in die Gegenwart zu stellen: Er muss in seiner eigenen Zeit wurzeln, um dann nach vorn zu schauen und voranzuschreiten – muss aber zugleich bedenken, dass er kein geschichtsloses Wesen ist, sondern auf der Basis einer Vergangenheit steht: der Vergangenheit seiner eigenen Kultur, in die immer wieder andere Kulturen in lebendigem Austausch hineinreichten.

Es geht darum, das *Essentielle* für unsere eigene tägliche Praxis und Meditation herauszuläutern und Überlebtes als das zu erkennen, was es ist: Stufen, die in die religiöse, soziale und kulturelle Gegenwart führen.

Wir müssen eine neue Lebensführung bzw. eine neue Lebensform entwickeln, die es uns erlaubt, ein Leben aus dem Geiste unseres Bodhisattva-Gelöbnisses im Dienst anderer Wesen zu führen. Ich denke da nicht an äußere Formen oder dergleichen. Es muss ein normales Leben von Individuen sein, in dem unsere tägliche Arbeit genauso ihren Platz hat wie unsere Meditation. Diese sollte keine auf bestimmte Tages- und Jahreszeiten beschränkte Ausnahmesituation sein, vergleichbar einem sonntäglichen Kirchgang, bestimmten Gebetszeiten etc., sondern muss zu etwas heranreifen, was unseren ganzen Tageslauf begleitet und bestimmt – was jedes Tun durchdringt und täglich zunehmend Wachheit und Aufgeschlossenheit nach innen wie nach außen wachsen lässt, bis unser ganzes Menschsein keinen Unterschied mehr kennt zwischen innen und außen und alles Leben mit Mitleiden und Mitfreude umfasst, ohne ein Wesen höher zu bewerten als das andere.

So gilt es, das unmittelbare Erleben und meditative Erfahren des Dharma zu stimulieren und zu fördern, nicht aber scholastisches, traditionalistisches und fundamentalistisches Denken; denn weder auf Erdachtes kommt es an noch auf Theorien, die wir wie einen Schild vor uns herschieben, sondern einzig und allein auf unser verstehendes Menschsein, auf unsere mitmenschliche Zuwendung und Hilfsbereitschaft. Es ist nicht die äußere Zugehörigkeit oder das Bekenntnis zu der einen oder anderen Schule des Buddhismus und deren Theorien entscheidend, sondern allein das gelebte Leben in einer Selbstverantwortlichkeit, die aus Einsicht reift.

Buddhismus als lebendige Erfahrung[1]

Jede neue Erfahrung, wie auch jede neue Lebenssituation, erweitert unser geistiges Blickfeld und bewirkt eine subtile innere Transformation, wodurch sich unser Wesen von Augenblick zu Augenblick wandelt. Diese Transformation geht nicht allein darauf zurück, dass sich die Lebensbedingungen ändern, sondern vor allem, dass die Struktur unseres Geistes durch die fortgesetzt auf uns einwirkenden Eindrücke ständig differenzierter und komplexer wird, und das selbst dann, wenn die Lebensbedingungen sich gleich bleiben würden. Ob wir das nun „Fortschritt" oder „Degeneration" nennen, bleibt sich gleich: Wir müssen die Tatsache akzeptieren, dass sich die Gesetzmäßigkeit allen Lebens in gegenseitigem Ausgleich von Differenzierung und Koordination manifestiert.

Daher hat jede Generation ihre eigenen Probleme und muss auch ihre eigenen Lösungen finden. Die Probleme aber wie auch die Mittel, diese zu lösen, erwachsen aus den Bedingungen, die der Vergangenheit angehören und stehen daher auch zu den Bedingungen der Vergangenheit in Beziehung, können aber nie mit ihnen identisch sein – oder richtiger: Sie sind weder vollkommen identisch noch vollkommen verschieden. Sie sind das Ergebnis eines kontinuierlichen Anpassungsprozesses.

---

[1] Dieser Artikel stellt eine sehr frühe bis dato unveröffentlichte und erstmals im „Kreis" Nr. 215 (1995) veröffentlichte Arbeit vor. Sie weist zwar noch nicht die Ausgewogenheit der Sprache und des Stils auf, welche seine späteren Arbeiten auszeichnen – ja, er ist teilweise sehr emotional und „kämpferisch". Dennoch ist sie schon geprägt von Grundgedanken, die ihn bis in sein hohes Alter zu einem Vertreter eines alle Schulen bejahenden Buddhismus machen, der unermüdlich hinwies auf die alle Traditionen und Schulen verbindende essentielle Botschaft Buddhas: den Weg zur Befreiung. Jedoch warnte er stets vor einem Synkretismus oder einer Nivellierung der Inhalte religiösen Erlebens.

In gleicher Weise müssen wir auf die Entwicklung religiöser Probleme schauen. Ob wir sie nun als „Fortschritt" oder „Entartung" betrachten, sie sind Erfordernisse spirituellen Lebens, die man nicht in starre, unabänderliche Formeln pressen kann. Große Religionen ebenso wie die in der Tiefe wurzelnden philosophischen Haltungen sind keine individuellen Schöpfungen, obgleich sie ihren ersten Anstoß einer großen Persönlichkeit verdanken mögen. Sie reifen aus den Keimen schöpferischer Ideen, großer Erfahrungen und die Tiefe auslotenden Schauungen. Sie wachsen entsprechend der ihnen innewohnenden Gesetzmäßigkeit über viele Generationen, so wie ein Baum oder irgendein anderer lebendiger Organismus. Sie sind das, was wir vielleicht „das natürliche Inerscheinungtreten des Geistes" nennen können.

Aber ihr Wachsen, ihre Entfaltung und ihr Reifen braucht Zeit. Denn obwohl der ganze Baum potenziell im Samen enthalten ist, dauert es doch, bis sich dieser zur sichtbaren Form voll entfalten kann. Das, was der Buddha in Worten lehren konnte, war nur ein Bruchstück dessen, was er durch seine bloße Gegenwart, seine Persönlichkeit und sein lebendiges Beispiel lehrte. Denn der Buddha war sich der Unzulänglichkeit und Begrenztheit von Wort und Sprache bewusst, wenn er zögerte, seine Lehre darzulegen, indem er all das in Worte kleidete, was viel zu tiefgründig und subtil war, um es durch bloße Logik und normales menschliches Erwägen zu begreifen. Dennoch gibt es immer Leute, die im Buddhismus nicht mehr sehen als eine „Religion der Vernunft", wo „Vernunft" für sie strikt auf so genannte „wissenschaftliche Erhellung" und jene „unfehlbare Logik" des 19. Jahrhunderts zu beschränken wäre.

Der Buddha selber beschränkte sich daher auf den *Weg* der Innenschau und Selbsterkenntnis und zeigte auf, dass jedermann, der bereit ist, diesen Weg zu gehen, befähigt ist, die nicht in Begriffe zu fassende Erfahrung der letzthinnigen Wirklichkeit mit seinen eigenen geistigen Augen zu schauen. Seine Wegweisung aber, die er auch *Dharma* nannte, kennzeichnete er als die zu Eigenbemühung und unvoreingenommenem „Kommen und unmittelbarem spontanem Sehen" einladende Schau der Wirklichkeit.

Um keine Dogmen in die Welt zu stellen und die Freiheit des Denkens und der individuellen Entwicklung nicht einzuschränken, wie es einige seiner Anhänger heute versuchen, weigerte er sich, die Ergebnisse seiner Schauungen und seines Weges in Gestalt von philosophischen oder metaphysischen Systemen darzustellen. Selbst die vollkommenste Formulierung der Lehre des Buddha hätte seine Nachfolger nicht von der Notwendigkeit entbunden, neue Formulierungen zu entwickeln. Denn obwohl die Lehrdarlegung des Buddha selbst vollkommen war, war es das Verständnisvermögen seiner Hörer nicht: Was sie verstanden und an andere weitergeben konnten, litt unter den Begrenztheiten, die allem menschlichen Denken anhaften. Auch dürfen wir nicht vergessen, dass der Buddha sich in der Sprache und in den gängigen Gedankenbahnen seiner Zeit ausdrücken musste, um verstanden zu werden, und ferner, dass selbst dann, wenn alle, die das Wort des Buddha bewahrten, Arhats gewesen wären, so würde dies nichts an der Tatsache ändern, dass die Sprache, in der sie die Lehre weitergaben, begrifflich und linguistisch an zeitbedingte Formulierungen gebunden war. Ferner ist zu bedenken, dass sie keine Probleme vorweg ahnen konnten, die noch nicht bestanden. Ja, selbst wenn sie dazu befähigt gewesen wären, so wären sie dennoch nicht in der Lage gewesen, diese darzustellen, weil die Sprache, in der sie ausgedrückt und verständlich gemacht werden konnten, noch nicht existierte. Andererseits sollten wir erwägen, dass der Buddha seine Lehren in einer ganz anderen Weise dargelegt hätte, wenn er nicht im 6. Jh. vor d. Ztr., sondern im 6. Jh. nach d. Ztr. gelebt hätte – und das nicht etwa, weil der

Dharma, d.h. die Wahrheit, die er lehrte, nun eine andere geworden war, sondern weil diejenigen, die nun belehrt werden mussten, ihrem Bewusstsein zwölf Jahrhunderte historischer, praktischer, geistiger und spiritueller Erfahrung zugefügt hatten, so dass sie nicht allein einen größeren Vorrat an Begriffen und Ausdrucksmöglichkeiten zur Verfügung hatten: Sie hatten inzwischen auch eine andere geistige Haltung und Einstellung gewonnen mit sehr unterschiedlichen Perspektiven und Problemen, wie sie auch unterschiedliche Methoden zur Lösung derselben entwickelten.

Doch diejenigen, die blind an Worte glauben, wie auch jene, denen historische Antiquität wichtiger ist als die Wahrheit, werden das hier Klargestellte nie zugeben, weil es ihre wohl definierten Konzepte durcheinander bringt und sie ihrer selbstgeschneiderten Urteile beraubt, die sie von der Notwendigkeit eigenen Denkens entbinden. So beschuldigen sie dann später entstandene buddhistische Schulen, dass sie über das vom Buddha Dargelegte hinausgegangen seien, während diese in Wirklichkeit nur über die zeitbedingten Vorstellungen der unmittelbaren Jünger des Buddha und deren direkte Nachfolger zu neuen Interpretationen des Dharma fortschritten. Denn Spirituelles kann so wenig „fixiert" werden wie Lebendiges! Wo Wachstum aufhört, bleibt nichts als die tote Form. Wir können zwar mumifizierte Formen als historische Kuriositäten aufbewahren, aber das Leben selbst lässt sich nicht konservieren.

Wenn wir uns daher auf unserer Quest nach Wahrheit nicht ausnahmslos an das sachliche Zeugnis der Geschichte klammern, so geschieht das nicht, weil wir die formale Richtigkeit, ja, nicht einmal die Glaubwürdigkeit der guten Absichten jener, die diese Formen erhielten und überlieferten, in Zweifel ziehen. Aber wir glauben nicht, dass diese Formen, die vor Jahrtausenden geschaffen wurden, unkritisch übernommen werden können, ohne dass sie unserer geistigen Verfassung ernsthaften Schaden zufügen.

Selbst die beste Nahrung wird, wenn sie zu lange aufbewahrt wird, zum Gift, und das Gleiche gilt für geistige Nahrung. Wahrheiten können nicht einfach „übernommen werden", sie müssen vielmehr ständig neu wiederentdeckt, müssen „wiedergeformt" – reformiert – und transformiert werden, wenn sie den ihnen zugrunde liegenden Gehalt – ihren lebendigen Geist und ihren spirituellen „Nährwert" bewahren sollen. Denn dies ist das Gesetz spirituellen Wachstums, aus dem sich die Notwendigkeit der immer erneuten Erfahrung der gleichen Wahrheiten in immer neuen Formen ergibt, wie auch die Forderung, nicht so sehr die Ergebnisse, sondern jene Methoden zu kultivieren und zu verbreiten, durch deren Kenntnis wir das Wissen vom Wesen der Wirklichkeit gewinnen.

Wenn dieser Prozess spirituellen Wachsens in jedem Individuum wiederholt erfahren wird, dann bedeutet dies, dass nicht nur das Individuum das verbindende Glied zwischen dem Vergangenen und Gegenwärtigen wird, sondern dass in gleicher Weise die Vergangenheit wiederbelebt und in der augenblicklichen Erfahrung verjüngt wird, wobei sie sich in den schöpferischen Keim der Zukunft transformiert. Auf diese Weise gewinnt Geschichte im gegenwärtigen Leben ihre Neugestaltung, wird Teil unseres eigenen Wesens und kein bloßer Gegenstand des Lernens oder der Verehrung, der – abgetrennt von seinem Ursprung und den organischen Bedingungen seines Wachsens – seinen essentiellen Wert verlieren würde.

Sobald wir aber dieses organische Wachsen verstehen, hören wir auf, über seine verschiedenen Phasen als „richtig" und „falsch", „wertvoll" und „wertlos" zu richten. Wir kommen vielmehr dann zu der Schlussfolgerung, dass die Modulationen und Variationen des gleichen Themas oder „Leitmotivs" nur nachdrücklich durch die Gewalt ihrer Kontraste auf den ihnen gemeinsamen Faktor hinweisen: ihre gemeinsame essentielle Grundlage. Ein solches Verstehen wird ganz natürlich jeder Engherzigkeit, Intoleranz und Parteinahme für oder gegen die eine oder andere dieser Phasen vorbeugen. Es wird zu einem Standpunkt führen, der jenseits der Gegensätze liegt und der sich auf der Erkenntnis und dem Verstehen notwendiger Kontraste gründet – nicht aber auf Synkretismus oder willkürliche Kombination sich widersprechender Elemente – und der nie den Blick für das grundlegende und gemeinsame Ziel aus den Augen verliert. Ein solcher Standpunkt erschafft eine natürliche Großzügigkeit und wahre Toleranz. Gleichzeitig schließt er aber auch nicht aus, dass wir uns stärker von der einen oder anderen Phase der Varianten angezogen fühlen, dass uns einige Charakteristika mehr ansprechen als andere, ganz entsprechend unserem Temperament, Charakter, Verstehen und dem Grad unserer Entwicklung. Doch das darf niemals dazu verführen, dass wir verdammen, was sich nicht in unser Schema oder System einfügt. Noch weniger aber sind wir berechtigt, die Redlichkeit jener in Zweifel zu ziehen, mit deren Ansichten wir nicht übereinstimmen. Vor allem sollten wir nicht nur die Lehrer unserer Schule als Heilige betrachten und alle anderen als „unerleuchtete Weltlinge".

Wenn jemand, der einen Baum betrachtet, erklärte, dass nur die Früchte die allein wesentlichen Teile seien (weil er sie gerne essen möchte), den Rest aber für überflüssig und wertlos erachtet, so wäre dessen Urteil so sinnlos wie das eines anderen Beobachters, der, weil alle Teile des Baumes aus der Wurzel erwachsen, den Schluss ziehen würde, dass die Wurzel allein das Wichtige und Essentielle am Baum sei.

Die essentielle Natur des Baumes aber ist weder auf seine Wurzeln beschränkt noch auf seinen Stamm, seine Zweige, Äste oder Blätter, noch auf seine Blüten und Früchte. Die wahre Natur des Baumes liegt in der organischen Entwicklung und Beziehung all der Teile zum Ganzen, d.h., sie liegt in der Totalität des Baumes in seiner raum-zeitlichen Entfaltung.

Ebenso müssen wir verstehen, dass die essentielle Natur des Buddhismus nicht in dem raumlosen Bereich abstrakten Denkens gefunden werden kann – auch nicht in einem Dogma, das seine Antiquität mit einem Heiligenschein umgibt, sondern allein in seiner Entfaltung in Raum und Zeit, in der Unermesslichkeit seiner Bewegung und Entwicklung, im organischen Wachsen seiner Gedanken und Gefühle, seiner Vorstellungen und Emotionen und deren aktiven Einfluss auf das Leben.

Das aber schließt alle Schulen und Phasen des Buddhismus ein, nicht nur die monastische Gemeinschaft einer einzelnen Sekte, neben der eine Zahl gleicherweise authentischer Sekten des frühen Buddhismus bestand, die ebenso ihren Ursprung auf den Buddha zurückführen konnten.

Jeder Versuch, die „ursprüngliche" Lehre des Buddha von einer einzelnen Schule – wie alt diese auch immer sein mag – wieder herstellen zu wollen, ist daher sowohl historisch wie logisch nicht gerechtfertigt.

So ist es weitaus besser, an alle Formen des Buddhismus und des buddhistischen Lebens mit einem offenen, unvoreingenommenen Geist heranzugehen, um das anzunehmen, was zur Verwirklichung von Erleuchtung führen mag, denn dies ist das einzige Kriterium des Buddhismus.

3. KAPITEL

Sehen wie die Dinge sind

Raum und Zeit
und das Problem der Willensfreiheit

Ein Blick in den Raum ist gleichzeitig ein Blick in die Vergangenheit. Raum ist sichtbar gewordene Zeit – sichtbar geworden jedoch nur in einer Richtung. Wir sind wie Reisende auf dem Rücksitz eines sich schnell bewegenden Fahrzeuges, von dem man nur das sehen kann, an dem man bereits vorbeigefahren ist, nicht aber das, was kommt.

Doch wer weiß, ob wir uns nicht in einem Kreise bewegen, so dass ein Blick in eine weit zurückliegende Vergangenheit gleichbedeutend mit einem Blick in die Zukunft wäre. Ja, selbst wenn der Kreis sich nicht schließen würde, sondern sich in einer Art dreidimensionaler Spirale entwickelte, so würde es doch eine große Zahl von Ähnlichkeiten zwischen Vergangenheit und Zukunft geben. Doch wie dem immer sei: Wir können den Kreis mit dem starren Gesetz ewiger Wiederkehr vergleichen, das alle relativen Prozesse beherrscht, während die Abweichung des Kreises in eine dreidimensionale Spirale (wodurch die Bewegung von der zweiten in die nächsthöhere, dritte Dimension übergeht) ein gewisses Maß an freiem Willen bei den höheren Lebensformen anzeigt.

Die Entdeckung, dass es im Universum keine geradlinige Bewegung gibt, sondern dass alles, einschließlich des Lichts, sich in Krümmungen bewegt, rechtfertigt die oben erwähnte Idee. „Die erweiterte Relativitätstheorie", sagte Haldane in

Mögliche Welten (S. 4), „scheint unausweichlich zu der Ansicht zu führen, dass das Universum endlich ist und dass Fortschritt in irgendeiner Richtung schließlich immer zum Ausgangspunkt zurückführt."

Wir können Welten erkennen, die Tausende von Lichtjahren entfernt sind, und vielleicht werden noch weitere, entfernter liegende Welten entdeckt werden, bis wir eines Tages herausfinden, dass eine von diesen unsere eigene Welt ist, jedoch nicht, wie sie jetzt ist, sondern wie sie vor Billionen von Jahren war. Und deshalb werden wir sie vielleicht niemals entdecken bzw. sie nicht wiedererkennen und werden uns immer weiter bemühen, das Universum zu durchforschen, ohne jemals zu einem Ende zu kommen, denn der Raum (obwohl er endlich sein mag in der Form, in der wir ihn kennen) weicht immer vor sich zurück und formt sich unter unseren Augen in eine neue Unendlichkeit um: in die der Zeit.

Wenn wir daher den gestirnten Himmel betrachten, so sehen unsere Augen nicht das gegenwärtige Universum, sondern ein Universum der Vergangenheit und, was noch weitaus bemerkenswerter ist, ein Universum, dessen verschiedene Teile nicht einmal zur gleichen Zeit existierten (vielmehr einige vor ein paar Minuten und andere vor ein paar Millionen von Jahren), obwohl wir sie im gleichen Augenblick wahrnehmen.

Aber leben wir nicht selbst in unserer engsten Umgebung mehr in der Vergangenheit als in der Gegenwart? Denn wenn wir die Tatsache erkennen, dass unser Körper in Wirklichkeit nur die sichtbar gewordene Erscheinung unseres früheren Bewusstseins ist, welches diese stoffliche Form entsprechend seinen besonderen Neigungen und seinem Entwicklungsstand geschaffen hat: leben wir dann nicht fast immer in einer gespensterhaft anmutenden Scheinwelt? Aus diesem Grunde sind vielleicht alle unsere körperlichen Sinnesorgane auf die Vergangenheit gerichtet, das heißt auf die verfestigten Formen und die von ihnen wieder ausgehenden Schwingungen, nicht aber auf die Zukunft oder die Gegenwart im wirklichen Sinne.

Der Körper ist seiner Natur nach materialisiertes *Karma*, das heißt sichtbar gemachtes Bewusstsein vergangener Daseinsmomente. Denn Karma ist nichts anderes als das wirkende Prinzip des Bewusstseins, welches als Wirkung in sichtbare Erscheinung tritt.

Karma ist im Buddhismus ein rein psychologischer und kein metaphysischer Begriff. Er hat keineswegs die Bedeutung eines unwiderruflichen Schicksals oder Loses, sondern die von „Tun". Die Definition von Handeln ist, entsprechend den Worten des Buddha: „Wollen, o Mönche, das nenne ich tun!" (AN VI, 63)[2] Mit anderen Worten, nur da, wo Absicht, das heißt bewusst motiviertes Handeln ist, können wir von einer karmischen Tätigkeit sprechen, und nur ein solches Tun hat charakterformende Auswirkungen, die unsere Neigungen bestimmen und damit unser zukünftiges Handeln und Reagieren. Charakter ist nichts anderes als die Tendenz unseres Willens, die sich durch wiederholte Handlungen herausbildete. Jede bewusst ausgeführte Handlung hinterlässt eine unterbewusste Spur, verursacht durch frühere Handlungen, die unseren Charakter ausmachen und unser Schicksal bestimmen. Sie zu überwinden ist gleichbedeutend mit der Überwindung und Befreiung unserer selbst von der Vergangenheit.

Sie ist einem Pfad vergleichbar, der durch den Vorgang des Begehens entstand. Wo aber solch ein einmal getretener Pfad besteht, werden wir spontan immer wieder diesen Weg benutzen, sobald sich eine entsprechende Situation ergibt. Das ist das Gesetz des Handelns und Reagierens, das wir Karma nennen, das Gesetz des Sich-Bewegens in der Richtung des geringsten Widerstandes, das heißt des oft be-

---

[2] „Cetanaham bhikkhave kammam vadami".

schrittenen und daher gangbarsten Pfades. Das nennt man gemeinhin die „Macht der Gewohnheit". Und so, wie ein Töpfer Gefäße aus formlosem Ton gestaltet, so erschaffen wir durch Taten, Worte und Gedanken aus dem noch ungeformten Material unseres Lebens und unserer Sinneseindrücke das Gefäß unseres zukünftigen Bewusstseins, nämlich jenes, das ihm Form und Richtung gibt. Die Erscheinungsform ist daher in ihrem Wesen vergangen und wird deshalb von denen, die sich von ihr hinweg- und über sie hinausentwickelt haben, als etwas Fremdes empfunden.

Die Zwitterstellung unseres Körpers als das Produkt eines lange vergangenen Bewusstseins und als Basis des gegenwärtigen drückt sich auch in der Tatsache aus, dass ein Teil unserer körperlichen Funktionen bewusst ist und unserem Willen untersteht (wie zum Beispiel die Bewegung unserer Glieder, die Fähigkeit sprachlichen Ausdrucks etc.), während andere Teile unbewusst ablaufen und unserem Willen nicht unterworfen sind (und daher auch nicht unserem gegenwärtigen Bewusstsein), wie zum Beispiel der Blutkreislauf, die Verdauung, die innere Sekretion, das Wachstum, die Zellauflösung usw. Das Atmen nimmt eine Zwischenstellung ein, weil es von einer unbewussten zu einer bewussten Funktion erhoben werden kann. So kann das Atmen Gegenwart und Vergangenheit, das Geistige und das Körperliche, das Bewusste und das Unbewusste vereinen. Es ist der Mittler, die einzige Funktion, durch die wir das fassen können, was geworden ist und was wird, durch die wir Vergangenheit und Zukunft meistern können. Sie ist daher der Ausgangspunkt aller schöpferischen Meditation.

Wir leben meist in einer Welt, die uns nur mittelbar und durch ihre Reaktionen erfahrbar ist. Nur selten erleben wir Wirklichkeit unmittelbar und leben ganz in der Gegenwart. Unsere üblichen Reaktionen sind durch Gewohnheit bestimmt, durch Routine, und gründen sich daher auf der Vergangenheit, die in Form von Instinkt, Gedächtnis, begrifflichen und emotionalen Assoziationen etc. gespeichert ist. Obwohl diese Funktionen für den Zusammenhalt und die Kontinuität unseres geistigen und körperlichen Lebens notwendig sind, bilden sie nur den Rahmen unserer Existenz, die passive Seite des Lebens; sie sind unser individuelles wie auch unser gemeinsames Erbe. Solange dieses Erbe vorherrscht, bewegt sich unser Leben überwiegend in der Vergangenheit. Unser Bewusstsein jedoch ist nicht an eine bestimmte Richtung gebunden wie unser Körper und seine Sinne, sondern hat gleichermaßen Anteil sowohl an der Gegenwart wie auch an der Zukunft – vorausgesetzt, wie geben ihm eine Möglichkeit, sich zumindest zeitweise von der Last der Vergangenheit zu befreien.

Das aber vollzieht sich in gewissen Momenten der Kontemplation oder Intuition (gleichgültig, ob es sich hier um religiöse Betrachtungen oder Betrachtungen von Kunstwerken oder Naturschönheiten handelt) wie auch in dem Stadium tiefer Versenkung oder Konzentration. Denn in solchen Zuständen wird jedes Objekt, ob es nun geistiger oder stofflicher Art sei, in eine direkte, subjektive Erfahrung verwandelt, in der keine vorangehenden Assoziationen die Unmittelbarkeit und Einmaligkeit des Eindruckes verzerren oder stören. In der Gegenwart leben heißt, jedes Ding mit einem vollkommen reinen, unvoreingenommenen und offenen Gemüt sehen, heißt jedes Ding so in seiner ganzen Tiefe erleben, als ob wir es niemals zuvor gekannt hätten. Mit anderen Worten: Es gilt, jene Unmittelbarkeit und ganze Wachheit des Geistes zu erhalten (oder ständig wiederherzustellen), die die charakteristische Eigenschaft des genialen Menschen ist.

Im Allgemeinen leben wir abseits des Lebens, indem wir entweder mit der Vergangenheit beschäftigt sind oder mit Vorwegnahme der Zukunft. Aber diese beiden Geisteshaltungen bedeuten Bindung, Karma in seiner aktiven wie reaktiven Form.

Daher hat die buddhistische Meditation keine andere Zielsetzung, als den Geist in die Gegenwart zurückzubringen, in den Zustand des vollerwachten Bewusstseins, indem man es von allen Hemmnissen reinigt, die durch Gewohnheit und Tradition geschaffen wurden. Ich hörte einmal einen tibetischen Lama sagen, dass die Rolle des Meisters darin bestehe, den Schüler anzuspornen, sich selbst zu befreien von all den Glaubenssätzen, gedanklichen Voreingenommenheiten und Meinungen, erworbenen Gewohnheiten und angeborenen Tendenzen, die Bestandteil seines augenblicklichen Denkens sind und die im Laufe aufeinanderfolgender Leben, deren Anfang sich im Dunkel der Zeit verliert, entwickelt wurden. Auch müsse der Meister seinen Schüler warnen, damit er auf der Hut sei, um nicht neue Glaubensbekenntnisse, Meinungen und Gewohnheiten anzunehmen, die genauso jeder Grundlage entbehren würden und genauso vernunftwidrig sind wie die, die er eben abgeschüttelt hat. [...]

Solange wir in der Vergangenheit leben, sind wir dem Gesetz von Ursache und Wirkung unterworfen, das keinen Raum für die Betätigung eines freien Willens lässt und uns zu Sklaven der Notwendigkeit macht. Das Gleiche gilt auch für das, was wir als In-der-Zukunft-leben bezeichnen, im Grunde nur ein Zustand des Gedächtnisses, das in die andere Richtung gekehrt ist – eine Kombination früherer Erfahrungen, die in die Zukunft projiziert wurden. Wenn andererseits Vergangenheit und Zukunft in einem hellsichtigen Zustand erlebt werden, werden sie *gegenwärtig*, weil dies die einzige Form ist, in der wir Wirklichkeit erfahren können, von der alle anderen Formen der Erfahrung sozusagen deren „perspektivisch verzerrte Reflexe" sind. Nur wenn wir in der Gegenwart leben, d.h. in Augenblicken vollen Gewahrseins und Erwachtseins, sind wir frei.

So haben wir Anteil an beidem: dem Bereich des Gesetzes oder der Notwendigkeit und zugleich dem Bereich der

Freiheit. Wissenschaft – die sich nur mit dem beschäftigt, was geworden ist, mit der verfestigten *Form*, aber nicht mit der *Natur* der Wirklichkeit oder dem wirklichen *Werdeprozess* und die sich daher mehr mit einer *reaktiven* als mit einer *aktiven* Welt beschäftigt – kann nur ein Universum erfassen, in dem letztlich und ausschließlich Gesetzmäßigkeit oder Notwendigkeit herrschen.

Die Naturwissenschaften können daher nicht zum Schiedsrichter angerufen werden in der Frage: Determinismus oder Indeterminismus, oder: Gibt es einen freien Willen da, wo es sich um lebendige Wesen handelt, d. h. um sich selbst regulierende und selbst erhaltende Organismen, die mit Bewusstsein ausgestattet sind? Selbst die Philosophie ist hier nicht kompetent, solange sie sich auf rein naturwissenschaftliche Fakten und Methoden stützt wie zum Beispiel logische Deduktion etc., die alle der gleichen reaktiven Welt zugehören – der gleichen sekundären Zeitdimension. Abstraktes Grübeln wird immer zu einem extremen und einseitigen Ergebnis führen, weil man regelmäßig auf eine Anzahl feststehender Begriffe und ideologisch vollkommen isolierter Gruppierungen reduziert, welche man dann auf eine künstlich erschaffene Ebene verlagert (die in Wirklichkeit ebenso wenig existiert wie jene rein begriffliche Einheiten), wodurch es möglich wird, dass man diese begrifflichen Gruppierungen auf die eine oder andere Seite seiner Rechnung setzt, so dass am Ende immer ein positives oder negatives Ergebnis herauskommt oder sich zumindest eine definitive Entscheidung zwischen den beiden Seiten ergibt.

Die stillschweigende Annahme, dass die Welt, die wir in unserem Denken aufbauen, dieselbe Welt sei, die wir im Leben erfahren (gar nicht zu sprechen von der Welt an sich), ist die Hauptquelle allen Irrtums: Die Welt unserer Erfahrung schließt zwar die Welt unseres Denkens ein – nicht aber umgekehrt! Denn wir leben in verschiedenen Dimensionen, von denen die Dimension des Intellekts (die Fähigkeit zu denken und zu urteilen) nur eine ist. Wenn wir aber Erfahrungen, die anderen Dimensionen angehören, intellektuell reproduzieren, dann tun wir etwas Ähnliches wie ein Maler, der den dreidimensionalen Raum auf einer zweidimensionalen Fläche darstellt. Er kann das tun, indem er gewisse Eigenschaften opfert und indem er eine neue Proportionsanordnung einführt, die nur in der künstlich-künstlerischen Einheit seiner Malerei und von einem ganz bestimmten Gesichtspunkt aus Gültigkeit hat. Die Gesetze dieser Perspektive entsprechen den Gesetzen der Logik: Beide opfern Eigenschaften einer höheren Dimension; sie wählen aus und beschränken sich auf einen einzigen Ausgangs- und Gesichtspunkt, so dass ihre Objekte nur von der einen Seite her in Erscheinung treten (nämlich der, die dem voreingenommenen Gesichtspunkt entspricht), wobei diese veränderte, in diesem Fall verkürzte Proportionen aufweist.

Aber während der Künstler seine Eindrücke bewusst von der einen in die andere Dimension übersetzt – und zwar nicht mit der Absicht, objektive Wirklichkeit nachzuahmen oder zu reproduzieren, sondern um eine gewisse Erfahrung oder seine Einstellung zur Wirklichkeit auszudrücken –, glaubt der intellektuelle Denker im Allgemeinen, er habe mittels seiner Gedanken die Wirklichkeit dargestellt, wobei er die verkürzende Perspektive seiner zweidimensionalen Logik fälschlicherweise für eine universelle Gesetzmäßigkeit hält. Der Gebrauch der Logik ist zwar im Denkprozess so notwendig und so berechtigt wie der Gebrauch der Perspektive in der Malerei – jedoch nur als ein Ausdrucksmittel und keinesfalls als Kriterium der Wirklichkeit.

Aus diesem Grunde kann es nicht die Aufgabe der Philosophie sein, darüber zu entscheiden, ob der Determinismus oder der Indeterminismus wesenstypisch für diese Welt sei, denn es gibt hier kein „Entweder-Oder" – keine zwei Möglichkeiten, zwischen denen wir zu entscheiden oder zu wählen hätten –, sondern vielmehr schlicht die zwei Seiten ein und desselben Phänomens. Das Problem besteht daher einzig in der Definition der *Beziehung* zwischen den beiden.

Wenn der Logiker diese beiden Seiten unserer Erfahrung in seinem Weltbild nicht vereinen kann oder, mit anderen Worten, wenn er dies für unvereinbar mit den Gesetzen der Logik hält, dann beweist er nur, dass seine Logik unfähig ist, mit der Wirklichkeit umzugehen. Denn hier haben wir es mit der unmittelbarsten Form der Wirklichkeit zu tun, mit den allerfundamentalsten Tatsachen menschlicher Erfahrung, die weder durch die Philosophie noch durch die Religion verneint oder in Frage gestellt werden dürfen, nämlich

1. mit der Tatsache, dass wir uns frei fühlen und verantwortlich für unsere Handlungen sind und diese innerste Erfahrung des freien Willens die *conditio sine qua non* für unsere eigene Existenz als bewusste Individuen ist. Ohne freien Willen würden wir zu bloßen Automaten reduziert werden, und unser Begabtsein mit Bewusstsein würde nicht nur überflüssig, sondern ein echtes Hindernis sein.

2. mit der Tatsache, dass wir in einer Welt leben, die von Gesetzen beherrscht wird, welche, obwohl sie unsere Freiheit beschränken, uns Gelegenheit geben, unsere Handlungen zu steuern, auszurichten und zu planen und auf diese Weise unser Verhalten mit unserer Umgebung in Einklang zu bringen. Wir können das Gesetz der Kausalität nicht ändern. Aber sobald wir wissen, dass bestimmte Ursachen auch bestimmte Wirkungen hervorrufen, sind wir in der Lage, uns zwischen verschiedenen uns offenstehenden Handlungsweisen zu entscheiden. Haben wir uns aber einmal entschieden, so sind wir gezwungen, dem Lauf der Dinge zu folgen, die sich aus unserem ersten Schritt ergeben.

Es geschieht verhältnismäßig selten, dass wir uns einer echten Gelegenheit zu freier Entscheidung gegenübersehen, denn im Allgemeinen entsteht eine Situation mit Notwendigkeit aus einer anderen und erzwingt einen ganz bestimmten Handlungsablauf. Doch die Tatsache, dass wir unsere Fähigkeiten der Unterscheidung, des Überlegens und des Entscheidens ausüben können, kann nicht verleugnet werden. Auch kann die Tatsache nicht übersehen werden, dass verschiedene Individuen, mit der gleichen Situation konfrontiert, unterschiedliche Entscheidungen treffen. Hier wird der Determinist sagen, dass gerade dies die Unfreiheit des Willens beweise, weil jedes Individuum einfach gemäß seinem angeborenen Charakter handele, an den es so gebunden sei wie der Stein an das Gravitationsgesetz. Das ist der Einwand, der so dumm wie logisch ist, und zwar deshalb, weil wir hier mit Worten zu spielen beginnen ohne Rücksicht auf ihre Beziehung zur lebendigen Erfahrung (so, als wäre jedes Individuum eine in sich abgeschlossene Wirklichkeit oder eine mathematische Größe mit einem festgelegten Wert).

Freier Wille bedeutet das Zum-Ausdruck-Bringen des eigenen Willens, das heißt des Willens, der mit unserem eigenen Wesen übereinstimmt. So beinhaltet der Ausdruck „freier Wille" bereits die Idee der Individualität oder des individuellen Charakters und setzt sie voraus. Wille kann nur in einem Individuum entstehen, und wenn er frei ist, bringt er dessen individuellen Charakter zum Ausdruck. Der Unterschied zwischen einem Naturgesetz und dem freien Willen besteht darin, dass das erstere automatisch wirkt und mit universeller Gleichartigkeit, während der freie Wille bewusst und individuell ist. Ein Wille, der im Widerspruch und ohne Beziehung zu unserem eigenen Wesen wirken würde, wäre sinnlos und könnte keinesfalls „frei" genannt werden, obwohl er frei von jedem denkbaren Gesetz wäre. Wir müssten dies eher Wahnsinn nennen.

Fassen wir also zusammen:

1. Freier Wille (oder Freiheit im Allgemeinen) ist nicht Will-
   kür.
2. Freier Wille kann niemals Gegenstand der Beobachtung
   sein, sondern ist nur eine subjektive Erfahrung. Das Problem von Freiheit und Notwendigkeit ist ein ausschließlich subjektives Problem und kann niemals objektiv
   (durch Naturwissenschaften oder Philosophie) gelöst werden.
3. Freier Wille ist ein relativer Begriff, der die Beziehung
   zwischen einem bewussten Individuum und seiner Umgebung aufzeigt sowie sein Verhalten in bestimmten Situationen.
4. Daher kann es keinen absolut freien Willen geben.
5. Freier Wille bedeutet die Freiheit, seinen eigenen Willen
   zum Ausdruck zu bringen entsprechend dem eigenen
   Wesen und der eigenen Einsicht (dem Grad der Entwicklung), und steht damit im Gegensatz zu einer mechanischen Reaktion, die einer allgemein gültigen Gesetzmäßigkeit folgt, ohne Einsicht in und ohne Verständnis
   für das eigene Wesen.
6. Freier Wille schließt weder das Vorhandensein eigener
   Gesetzmäßigkeit aus, noch bedeutet er, dass diese ihm
   eigene Gesetzmäßigkeit einer allgemeinen Gesetzmäßigkeit entgegensteht. Er mag oder mag auch nicht allgemeinen Gesetzen folgen, und in vielen Fällen modifiziert er
   sie und wandelt sie in individuelle Gesetzmäßigkeiten um.

Wir können unseren individuellen Willen mit einer Eisen-
bahnlokomotive vergleichen und die allgemeine Gesetzmäßigkeit mit einem Streckensystem. Die Lokomotive kann
die Strecke wählen, die sie befahren will, kann aber dann
nicht mehr die Strecke wechseln.

Die beiden offensichtlich widersprüchlichen Bereiche
von Freiheit und Notwendigkeit (Ethos und Logos, freier

Wille und Gesetzmäßigkeit) haben ihren Treffpunkt im menschlichen Individuum. Was von außen her als eine Notwendigkeit erscheint, kann unter Umständen der echteste Ausdruck von Freiheit bzw. von freiem Willen sein, wenn es mit der inneren Gesetzmäßigkeit oder dem Wesen des Individuums völlig übereinstimmt.

Und hier erhebt sich nun die Kernfrage: Sind nicht vielleicht die Gesetze, die wir als gegeben und folgerichtig als uns gegen unseren Willen auferlegt betrachten, sind nicht eben diese Gesetze unsere eigene geistige Schöpfung und daher von ihrem Wesen her Ausdruck unseres eigenen innersten Willens? Wie kann ein Philosoph annehmen, dass er außerhalb der Welt und des individuellen Daseinsbereiches stehe, und wie kann er vorgeben, ein objektiver Beobachter zu sein in einer Angelegenheit, wo inneres Erleben (auf dem gerade jene Gesetze gegründet sind, die er zu untersuchen wünscht) die einzige Informationsquelle ist? In einem solchen Unterfangen gleicht er einem Menschen, der in einem sich bewegenden Fahrzeug sitzt und von den Bewegungen um sich herum spricht, ohne sich dessen bewusst zu sein, dass er selbst es ist, der sich bewegt.

„Wir haben einen seltsamen Fußabdruck des Unbekannten an den Ufern gefunden. Wir haben tief schürfende Theorien ersonnen, eine nach der anderen, um seinen Ursprung zu deuten. Schließlich haben wir erfolgreich jenes Geschöpf, das diesen Fußabdruck hinterließ, rekonstruiert. Und siehe! Es ist unser eigener!" (A. Eddington in *Raum, Zeit und Gravitation*).

Mit diesem Zugeständnis erfährt die Naturwissenschaft eine Kurskorrektur, wodurch das Physische und das Metaphysische nicht mehr Widersprüche sind und die Erforschung des Universums zu einer Entdeckung und Erschließung neuer Dimensionen des menschlichen Geistes führt.

Einsicht und Glaube

Die Grundlage des Buddhismus ist *Erkenntnis*. Erkenntnis im Buddhismus ist Einsicht in das Wesen der Wirklichkeit und damit immer das Produkt einer unmittelbaren Erfahrung.

Beginnend mit der Leiderfahrung als primärem, allgemeingültigem Axiom vertritt der Buddhismus den Standpunkt, dass nur das Erlebte, nicht aber das Erdachte Wirklichkeitswert hat. Dadurch erweist sich der Dharma des Buddha als echte Religion, und das, obwohl er sich nicht auf unbewiesene, aus einem überirdischen Bereich empfangene Offenbarungen beruft.

Der Dharma des Buddha ist als Erlebnis und Weg praktischer Verwirklichung eine *Religion*, als gedankliche Formulierung dieses Erlebens *Philosophie,* als Resultat systematischer Selbstbeobachtung und Analyse *Psychologie,* wobei dem, der diesen Weg geht, eine Verhaltensnorm erwächst, die ihm nicht von außen diktiert wird, sondern die das Ergebnis eines inneren Reifungsprozesses ist und die wir, von außen gesehen, als *Moral* bezeichnen können. Doch diese Sittlichkeit im Buddhismus ist nicht – wie in vielen anderen Religionen – der Ausgangspunkt, sondern vielmehr die Folge eines religiösen Erlebens, das einen so entscheidenden Wandel in unserer Blickrichtung hervorbringt, dass wir die Welt mit neuen Augen zu sehen beginnen.

Aus diesem Grunde stellte der Buddha an den Beginn des edlen achtfachen Pfades nicht irgendwelche Änderungen unserer Lebens- und Verhaltensweisen, sondern die vorurteilsfreie Betrachtung der Welt in uns und um uns; denn nur so gewinnen wir unvoreingenommene Einsicht in die Natur des Daseins und der Dinge und erfahren durch die Änderung unserer Betrachtungsweise eine völlige Neuorientierung unseres Strebens. Diese Art des Sehens und Gewahrwerdens der Dinge heißt in Pali: „samma ditthi".

Dies bedeutet viel mehr als nur eine bloße Übereinstimmung mit gewissen vorgefassten dogmatischen oder moralischen Ideen: Sie ist eine Anschauung, die über die dualistisch konzipierten Gegensatzpaare eines einseitigen ichbedingten Standpunkts hinausgeht.

„Samma" (sk. samyak) bedeutet das, was vollständig, ganz, das heißt weder gespalten noch einseitig ist, also etwas, was einer jeden Bewusstseinsstufe vollkommen angemessen ist. [...]

Wann aber glauben wir, dass etwas so oder so sei?

Regelmäßig verbirgt sich dahinter eine von einem Begehren getragene Emotion, die in einem Wunschdenken ausufert. Gelegentlich kann auch eine intuitive Einsicht das große Stimulans sein, aber leider ist es viel häufiger etwas, was durch fremd-induzierte, suggestiv-emotional wirkende Vorurteile, durch unreflektierte Übernahme traditionell geheiligter Ansichten, Meinungen etc. ausgelöst wurde. Im Allgemeinen ist es etwas, was uns gefühlig anzieht, weil es uns anspricht – was unserem Begehren, dass es so sein möge, entgegenkommt. Die wahre Motivation aber verschleiern wir vor uns selber durch irrationale „Pseudo"-Beweise, die sich auf irrationale oder spekulative Axiome stützen, die völlig wirklichkeitsfremd sind.

Nach buddhistischer Ansicht sollte jedoch unser „Glaube" auf einer echten Einsicht und Wirklichkeitserkenntnis beruhen. Denn blinder unreflektierter „Glaube", der heute wie früher vielen Menschen so sehr angenehm erscheint, kann leicht in die Irre führen. Heute glauben beispielsweise junge Leute an irgendeinen „Guru", ohne sich je Rechenschaft darüber zu geben, warum sie sich eben gerade diesem Lehrer anschließen und ihm blind folgen. Man sollte sich aber immer ein gewisses Maß an Selbstkritik und kritischem Hinterfragen bewahren und wissen, warum man „glaubt" und von etwas überzeugt ist und wohin dieser Glaube führt.

Der Buddha forderte: „Ich will nicht, dass jemand an mich glaubt, sondern möchte, dass man mich versteht." Glaube – im buddhistischen Sinne – muss aus einem inneren Verständnis, was den Verstand nicht beiseite lässt, erwachsen und nicht aus einem „credo quia absurdum". Dem Buddhisten geht es nicht um ein „Glauben wollen", um das er Gottes Hilfe gegen seinen Unglauben erbittet. Er will keinen bequemen Weg vorgeschriebenen „gläubigen" Akzeptierens gehen, was ihn letztlich von jeder Verantwortung entbindet. Derartiges mag für den Augenblick beruhigend wirken, dürfte aber für den wirklich denkenden und religiösen Menschen auf die Dauer unbefriedigend bleiben.

„Glaube" im Buddhismus – im Englischen gibt es zwei Wörter, mit denen das umrissen wird, was wir im Deutschen mit „Glauben" bezeichnen: „belief" und „faith". Während „belief" etwa wie unser Wort „Glaube" benutzt wird – als: etwas „für wahr halten" –, hat „faith" etwas mit „begründetem Vertrauen" zu tun. Das im Buddhismus benütze Wort „shraddha" meint das in Einsicht gegründete Vertrauen.

Ein Leben frei von jedem Leiden ist ein Leben bar der Befähigung zum Mitleiden

Ich bin der Überzeugung, dass Leiden ein Signal – ein körperliches oder geistiges – dafür ist, dass entweder unsere körperliche Verfassung oder unsere Einstellung nicht in Ordnung ist. So ist beispielsweise körperlicher Schmerz gewissermaßen eine Warnung und Mahnung zugleich, dass wir etwas in unserer Lebensführung, in unserem Denken oder in unserer inneren Haltung und Einstellung ändern müssen. Doch Leiderfahrung kann in uns darüber hinaus mehr Menschlichkeit reifen lassen.

Im Buddhismus aber gilt das Mitleiden mit anderen als das noch verbleibende Leiden eines Vollendeten.

Und nach meinem Empfinden ist ein Leben ohne Mitleid untermenschlich und nicht erstrebenswert. Mitleiden kann sehr wohl persönlich empfunden werden, aber nicht im Sinne des auf die „eigene Person Bezogenenseins". Auch sollte nicht vergessen werden, dass es im Buddhismus neben „Mitleid" eine andere positive seelische Haltung der Zuwendung gibt, die in gewisser Weise der Gegenpol von Erbarmen (karuna) ist: die Mitfreude (mudita), was besagt, dass man nicht nur die Leiden der Wesen teilen soll, sondern auch ihre Freuden.

Und obwohl Mitleid einen starken Anteil von Sympathie und intensiver Wahrnehmung des Leidens anderer beinhaltet, können wir zugleich doch auch eine Art Glücksgefühl erfahren, weil es uns in gewisser Weise mit anderen verbindet. Es ist so, wie wenn man einen Menschen liebt: Obgleich eine solche Liebe auch einen Teil Leiden beinhalten mag, ist sie dennoch nicht nur Leiden.

Ich sage immer, dass man, wenn man einen Menschen liebt, diese Liebe nicht aufgibt, weil sie einen leiden lässt. Man würde eher das Leiden auf sich nehmen, als der Liebe entsagen. Es ist besser, geliebt und gelitten zu haben, als nie ein Liebender gewesen zu sein.

Ein Heiliger, der keinerlei Gefühle mehr kennt, der von allen Leiden der Welt frei ist, ist wie ein Stück Stein, wie ein Eiszapfen.

Auf den Einwand einiger Leute, dass auf Grund der Tatsache, dass der Heilige unpersönlich wurde, diese Unpersönlichkeit auf die Welt ausstrahlt und er ihr so hilft, würde ich so antworten:

„Ich meine, wenn man unpersönlich geworden ist, kann man überhaupt keine Wellen mehr ausstrahlen. Jede Ausstrahlung setzt eine intensive persönliche oder individuelle Haltung voraus."

„Persönlich" bedeutet jedoch nicht notwendigerweise egoistisch. Man kann ein Individuum sein, ohne deshalb zwangsläufig ein Egoist zu werden.

Individualität ist ein sich ständig wandelnder, einmaliger, von Moment zu Moment wechselnder Brennpunkt des Universums.

Sie ist deshalb nicht an irgendwelche Grenzen gebunden. Sie ist vielmehr ein Fokus jener Ausstrahlung, die das gesamte Universum beinhaltet, weshalb Individualität keinen Widerspruch zur Universalität darstellt.

Die Illusion eines zum Subjekt erhobenen Ichs aber wird zur Ursache von Begehren und Hass, indem alles „andere" zu Objekten reduziert wird, die wir besitzen wollen und die sich uns doch ständig entziehen, woran aus dem Ichgefühl das erwächst, was wir als „Leiden" empfinden: das Gefühl der Eingeengtheit und Hemmung unseres nach freier, uneingeschränkter Entfaltung strebenden Lebensdranges.

Die Illusion eines Ego aber ist etwas ganz anderes als die Individualität. Darüber hinaus muss erst einmal klargestellt werden, was „Illusion" in Verbindung mit indischer Religiosität bedeutet. „Illusion" ist hier streng zu unterscheiden von „Halluzination", die die Wahnvorstellung eines psychisch Kranken ist und ohne Realitätsbezug. Eine „Illusion", der man anhängen kann, gründet sich aber immer auf etwas real Vorhandenem, so beispielsweise die Illusion einer Fata Morgana oder der Strick, der in der Dunkelheit für eine Schlange gehalten wird.

Die Überwindung des Todes

Da der Tod kein unmittelbares Erlebnis, sondern nur ein aus äußeren Geschehnissen abgeleiteter Begriff ist, so hängt die Befreiung von Tode von der Überwindung des Begriffes ab. Dies aber kann nie durch den Intellekt geschehen, der ja gerade die Zone des begrifflichen Denkens ist, sondern nur durch Wiederherstellung des Erlebniszustandes.

Weder der Tod noch das illusorische „Ich" können erlebt werden. Sie sind die beiden entgegengesetzten Enden derselben Begriffsreihe. Ihr Kennzeichen, wie das jedes Begriffes, ist Begrenzung, Abgrenzung.

Wäre der Tod etwas Wirkliches, so könnten wir ihn erleben. In dem Augenblick aber, in dem wir ihn erleben würden, hätten wir den Beweis erbracht, dass er das erlebende Subjekt nicht zerstört und somit nicht das ist, wofür wir ihn halten.

Wenn der Tod aber etwas ist, das gar nicht erlebt werden kann, warum sollten wir uns dann vor ihm fürchten? Wir würden uns ja auch nicht vor einer Krankheit fürchten, von der wir wissen, dass sie uns gar nicht befallen kann. Wenn wir den Tod dennoch fürchten, so beweist dies nur, wie sehr wir unter der Herrschaft des Intellektes stehen.

Eine typische Eigenschaft des Intellektes ist sein Streben nach Objektivität. Sie ist berechtigt und nützlich, solange es sich um Objekte, d.h. um begrifflich Abgrenzbares handelt, denn be-"greifen" kann man nur Begrenztes, Gegenständliches. Sie versagt aber naturgemäß in allen lebenswichtigen Fragen, d.h. denen, die den Menschen selbst angehen. Anstelle jener intellektuellen Objektivität subjektives Erleben zu setzen, ist der einzige Ausweg aus dem Dilemma des Geistes.

Das Problem der Todesüberwindung (oder der Unsterblichkeit) ist somit gar kein objektives, sondern ein rein subjektives, und ist dementsprechend nur erlebnismäßig zu lösen. Objektiv gibt es noch weniger einen Tod als subjektiv, sondern höchstens den Leichnam, den aber doch ernsthaft niemand für die Person des Verstorbenen ansieht – andernfalls man ihn nicht beerdigen oder verbrennen würde.

Die Überwindung des Todes liegt also durchaus im Bereich des Möglichen.

Wir können das Gefühl des dem Tode Ausgeliefertseins überwinden, indem wir die Ich-Illusion durchschauen und somit die Voraussetzung des Todes zunichte machen.

Die Vernichtung der Ich-Illusion ist aber keineswegs identisch mit der Vernichtung der Individualität oder der individuellen Kontinuität. Ganz im Gegenteil: Erst durch die Vernichtung dieser hemmenden und einschränkenden Illusion ist es möglich, über die Grenzen der momentanen „Ichheit", jenes nur gedachten Bezugszentrums unserer vielfältig bedingten Persönlichkeit, hinauszusehen und den Zusammenhang mit vorangegangenen und zukünftigen Lebensformen zu erkennen.

Der Mensch ist sterblich, solange er sich nicht bemüht, über seinen gegenwärtigen Zustand hinauszukommen, d. h. über den Zustand seines gegenwärtigen Unwissens, seines Sichbegnügens mit den unwesentlichen Teilerscheinungen seines Daseins. Unsterblichkeit ist nicht eine Gabe der Natur oder eines Gottes. Sie muss erworben werden.

Unsterblichkeit oder Vernichtung sind keine naturgegebenen Tatsachen: *sie hängen von uns selber ab*. Unsterblichkeit ist nicht die Fortexistenz einer unbewussten Lebenskraft, sondern das Bewusstsein der eigenen tieferen Wirklichkeit. Es ist das Wissen um die Wirklichkeit jenes großen Stromes, in dem unser jetziges Leben nur einen Augenblick darstellt. In diesem Wissen liegt die Befreiung vom Tode, das Erlebnis und die Verwirklichung der Unsterblichkeit.

Tod und Leben

Warum flieht ihr den Tod,
  die ihr das Leben sucht?
Ist doch der Tod der Quell,
  aus dem ihr Leben schöpft.
Taucht ihr nicht täglich in
  den dunklen Quell zurück,
Wie man den Pfeil zurückzieht
  vor dem Schuss?

Je weiter wir den Pfeil
  zurückgezogen,
Um so viel größer
  ist des Pfeiles Kraft.
Doch ist's die Kraft nicht nur
  und nicht der Bogen.
Es ist das Ziel erst,
  das den Sinn uns schafft.

Doch, wenn das Ziel erreicht,
  der letzte Pfeil vergeben –
Was nützt der Bogen uns,
  was sind uns Tod und Leben?

4. KAPITEL

„Was sollen wir nun meditieren?"

Es gibt – je nach unserer Anlage, Einstellung und Befähigung – philosophische, künstlerische und psychologische Annäherungswege zur Meditation, meditative Übungen also.

Meditation selbst ist etwas so Persönliches, dass man sich zunächst einmal selbst über die eigenen inneren Tendenzen und Einstellungen Klarheit verschaffen muss und dass niemand einem vorschreiben kann: „Gehe diesen oder jenen Weg!"

Zu Beginn der Meditation soll man erst einmal lernen, sich wirklich körperlich zu zentrieren. Wenn wir den Körper im Sitzen nach allen Seiten ausschwingen lassen, dann finden wir ganz von selber den Schwerpunkt, in dem unser Körper dann völlig in sich selber ruht.

Die Unabhängigkeit und Zentriertheit des Körpers beim Sitzen auf dem Boden bringt zugleich eine gewisse innere Sammlung mit sich – ganz gleich, ob wir es wollen oder nicht. Das hängt damit zusammen, dass jede Geste und jede körperliche Haltung auf unsere Stimmung zurückwirkt.

„*Was* sollen wir nun meditieren?" Die Frage ist so nicht zu stellen, denn sie hindert den natürlichen Ablauf. Wenn wir mittels unseres Denkens die ganze Zeit, während wir sitzen, in Gedanken reden: Wie sollte es sein, was könnte auftreten – wie soll man „hören", wenn man alles mit den voreingenommenen Gedanken übertönt? Wenn man sitzt, wird man zunächst feststellen, dass ständig Gedanken kommen und gehen. Man kann sie nicht verdrängen, sie sind einfach da. Und wenn wir uns einem der Gedanken zuwenden, dann geht der ganze Denkprozess los. Aber wir können auch den Strom der Gedanken ruhig vorbeifließen lassen und sehen, was da kommt. Und das Interessante dabei ist, dass man sich selbst bei diesem stillen Sehen besser kennen lernt. Nach einer gewissen Zeit werden sich die aufsteigenden Gedanken beruhigen. Man wird nicht mehr über die Geschäfte des Tages nachdenken noch über die Dinge, die man vor sich hat. Allmählich klingt alles ab, und nun kann man sich auf die einfachsten Funktionen des Körpers konzentrieren, also auf all das, was uns allen gemeinsam ist.

Eine der wichtigsten Grundfunktionen allen Lebens ist das Atmen. Und daher ist das erste Thema für unsere Meditation der Atem. Wir brauchen lediglich den Atem „sehend" (nicht aber beobachtend) zu begleiten, wie er kommt und wie er geht, von wo er kommt und wohin er geht ... Wir erkennen, dass wir in dem Augenblick, wo wir nicht mehr atmen, tot sind. Der Atem ist das Elixier des Lebens. Beachten wir dieses Elixier des Lebens aber nicht mit großer Ehrfurcht, dann atmen wir nicht, sondern pumpen lediglich Sauerstoff in unsere Lungen. Und was sind die Lungen? Sie sind das Organ, das den Sauerstoff oder den Lebensstrom (wie immer man es auch nennen mag) in den gesamten Blutstrom überführt, der dann den ganzen Körper durcheilt und belebt. Das aber heißt, dass wir nicht nur mit den Lungen, sondern mit dem ganzen Körper atmen, mit allen seinen Gliedern, denn alle Glieder des Menschen haben an diesem Lebensstrom teil.

Mit dieser Vergegenwärtigung des Atmens wird nun ein Prozess eingeleitet, der der Bewusstwerdung und Bewusstmachung der Funktionen unseres Körpers dient. So lernen wir zunächst, unseren Körper als Ganzheit zu erfahren, um dann durch Einbeziehung der Gefühle und Wahrnehmungen, des Denkens, Wollens und Bewusstwerdens schließlich unsere Geist-Körperlichkeit als eine im ständigen Wandel befindliche Kontinuität zu erfahren, die in jedem Augenblick neu als ein integriertes Ganzes in Erscheinung tritt und entsprechend erlebt wird. Ausgangspunkt aber bleibt immer unsere Körperlichkeit. Durch unsere Zivilisation haben wir uns selbst aus unserem Körper „emittiert": Wir „haben" zwar einen Körper, aber „sind nicht mehr" Körper. Wir glauben, dass der Geist hier und der Körper irgendwo anders sei. Und diese Spaltung bringt uns immer wieder in Disharmonie. Wir müssen also erst wieder mit dem Körper eins werden, bevor wir ihn seinem Wesen nach erfassen und beherrschen können. Und eben das ist auf dem geistigen Wege notwendig: den Körper zu beherrschen wie ein Klavier, auf dem man erst dann jede Melodie spielen kann, wenn man die Technik des Spielens beherrscht. Und ebenso ist es auch wichtig, seinen Körper zu beherrschen: Diese Meisterschaft ist Voraussetzung, dass Meditation geschehen kann.

5. KAPITEL

Meditation als unmittelbare Erfahrung und geistige Haltung

Polarität und Ganzwerdung

Der Osten entdeckte die ewige Wiederkehr derselben Bedingungen und ähnlicher Ereignisse. Der Westen entdeckte den Wert der Einzigartigkeit jedes Ereignisses und jeder existenziellen Situation. Der Osten hielt seinen Blick auf den kosmischen Hintergrund gerichtet; der Westen auf den individuellen Vordergrund. Das vollständige Bild aber vereint Vordergrund und Hintergrund, indem er beide zu höherer Einheit verschmilzt. Das vollständige Menschenwesen – der Mensch, der heil (oder ganz) geworden ist (und den wir darum einen Heiligen oder, im höchsten Sinne, einen Heiland nennen), ist ein Mensch, der das Universelle mit der individuellen Einzigartigkeit des Augenblicks vereint, in dem sich die zyklische Wiederkehr der Konstellationen und der existentiellen Situationen wiederholen.

Im Wissen um die Unsterblichkeit vernachlässigte der Osten das irdische Leben. Im Wissen um die Einzigkeit des Augenblicks und seines unwiederbringlichen Wertes vernachlässigte der Westen das Unsterbliche. Nur in den tiefsten Aspekten des Vajrayana (der mystischen Schule des indischen und tibetischen Buddhismus) wie auch des I-Ching (des ältesten Buches chinesischer Weisheit), wurde der Versuch gemacht, den Vordergrund mit dem Hintergrund des Lebens und das Augenblickliche mit dem Ewigen zu vereinen und die Einzigkeit jeder Situation mit den ewig sich wiederholenden Konstellationen universeller Kräfte zu verbinden.

Nur derjenige, der in voller Erkenntnis und Anerkennung seines westlichen Erbes das Erbe des Ostens durchdringt und in sich aufnimmt, kann die höchsten Werte beider Welten gewinnen und ihnen gerecht werden. Denn Ost und West sind die zwei Hälften des menschlichen Bewusstseins, vergleichbar den zwei Polen eines Magneten, die sich gegenseitig bedingen und ergänzen und nie getrennt werden können. Nur wenn der Mensch diese Tatsache anerkennt, kann er ein vollständiges menschliches Wesen werden. „Im Menschen wird das Leben sich seiner selbst bewusst, und damit entwickelt es sich zu einer Aufgabe und zur Freiheit, so dass es stets neu empfangen kann, stets einen neuen Anfang machen kann, so dass es seinen Ursprung und sein Erbe wiedergewinnt und wiedergeboren werden kann." (Leo Baeck)

Des Menschen Leben schwebt zwischen den Polen „Himmel" und „Erde". Lasst uns die Weite des Himmels in uns aufrecht erhalten, aber lasst uns nicht der Erde vergessen, die uns trägt. Erde und Himmel sind die Symbole des Endlichen und des Unendlichen, an denen wir gleichermaßen teilhaben. Es ist nicht unsere Aufgabe, zwischen diesen zwei Polen unseres Daseins zu wählen oder den einen um des anderen willen aufzugeben, sondern wir müssen vielmehr ihre gegenseitige Abhängigkeit anerkennen und müssen sie in unserm innersten Wesen vereinen. Unser Problem besteht darum nicht in einem „Entweder-Oder", sondern in einem „Sowohl-als-Auch", denn der Mensch ist die Mitte zwischen Himmel und Erde – der Ort, wo Himmel und Erde einander begegnen.

Aus diesem Grunde pries der Buddha die menschliche Geburt als die beste, denn nur im menschlichen Leben haben wir die Gelegenheit, den Mittleren Pfad zu verwirklichen, der Himmel und Erde vereint und der allein unserem Dasein Sinn verleihen kann, indem er uns vom Hängen an dem einen oder anderen Extrem befreit. Dasein bedeutet Beschränkung. Aber Beschränkung in diesem Sinne ist nicht gleichbedeutend mit Enge und Unwissenheit, sondern besteht vielmehr in der Erschaffung sinnvoller Form – in der Konzentration auf Wesentliches, im Verzicht auf alles Überflüssige, im Aufgeben oder in der Einschränkung unserer Wünsche und Begierden – in einer Beschränkung, die zu größerer Freiheit führt. Der Weiseste ist der, welcher mit wenigen Worten viel sagen kann, der größte Künstler der, welcher das tiefste Erlebnis in einfachster Form ausdrücken kann. Darum heißt es: In der Beschränkung zeigt sich der Meister.

In anderen Worten: Es ist das Endliche, das dem Unendlichen Sinn verleiht, denn das Unendliche kann sich nur in endlicher Form ausdrücken. Und umgekehrt, wo das Endliche um seiner selbst willen am Dasein hängt, ohne das Unendliche zu reflektieren, wird es sinnlos und trägt den Samen des Todes bereits in sich.

Einzigkeit in Zeit und Ausdruck ist die Kostbarkeit der Form. Sie ist kostbar, weil sie vergänglich ist wie eine Blume, die blüht und verwelkt, die aber nichtsdestoweniger den ewigen Charakter aller Blumen und alles Lebens zum Ausdruck bringt. Es ist die Kostbarkeit des Augenblickes, in der die zeitlose Ewigkeit gegenwärtig ist. Es ist die Kostbarkeit der individuellen Form, in der das Unendliche sich offenbart.

Darum heißt es, dass der Buddha eine Blume schweigend emporhielt, als er nach der Essenz seiner Lehre gefragt wurde. Die Blume, die sich dem Licht des Himmels öffnet, während ihre Wurzeln in der Erde ruhen, gehört zu den tiefsten Symbolen des Ostens. Die Dunkelheit der Erde und das Licht des Himmels: die Kräfte der Tiefe, in denen die Erfahrungen einer unendlichen Vergangenheit – von Äonen individueller Lebensformen – aufgespeichert sind, und die kosmischen Kräfte der überindividuellen, universellen Gesetze sind in der Blüte vereinigt, welche die geistige Entfaltung zu bewusster Form darstellt.

Der Buddha – wie alle Erleuchteten – wird auf einem Lotusthron sitzend dargestellt. Der Lotus ist der Protoyp aller Mandalas, aller zentralisierten Systeme eines geistigen Universums unendlicher Beziehungen. Es ist der Prototyp aller cakras oder psychischer Zentren, in denen das Chaos unbewusster Kräfte in einen sinnvollen Konsens verwandelt wird, in welchem das individuelle Dasein seine Erfüllung, Reife und Erleuchtung findet.

Der Zweck der buddhistischen Meditation ist darum nicht ein Zurücksinken in den „unerschaffenen" Zustand, in einen Zustand vollkommener Ruhe und Entspannung mit völlig leerem Geist; es ist nicht ein Zurückgehen ins Unbewusste oder eine Erforschung der Vergangenheit. Es ist ein Vorgang der Umwandlung, der Verwandlung und Transzendierung, in dem wir uns völlig der Gegenwart bewusst werden, der unendlichen Kräfte und Möglichkeiten des Geistes, um Meister unseres Geschickes zu werden, indem wir diejenigen Eigenschaften pflegen, welche zur Verwirklichung unserer zeitlosen Natur führen, d. h. zur Erleuchtung. Somit, anstatt uns in einer Vergangenheit zu verlieren, die wir ohnedies nicht ändern können und auf die wir nicht den geringsten Einfluss haben, dient die Meditation dazu, die Samenkörner wirklicher Befreiung zu säen und schon jetzt die Körper zukünftiger Befreiung und Vollkommenheit im Sinnbild unserer höchsten Ideale zu erschaffen.

Um dies zu tun, genügt es nicht, unser Leben zu „spiritualisieren": Was wir brauchen, ist die „Materialisierung" unseres Geistes. Die Materie um des Geistes willen zu verachten, ist in keiner Weise besser, als die Materie für die einzige Wirklichkeit zu halten. Novalis sagte einmal, dass die materielle Welt nichts anderes sei als die in einen Zustand des Geheimnisses erhobene Innenwelt. Wenn wir die Welt in dieser Weise mit den Augen eines Dichters – d. h. mit den Augen des Geistes – sehen, werden wir entdecken, dass selbst das einfachste materielle Objekt – ja, selbst alles von Menschenhand oder von der Natur Geformte, ein Symbol höherer Wirklichkeit ist und eine tiefere Beziehung zu universellen und individuellen Kräften aufweist, als wir je ahnten. Und da diese Kräfte dieselben sind wie jene, die unser Bewusstsein ausmachen, unser inneres Leben oder was wir unsere Seele nennen, sind die Worte von Novalis keine poetische Übertreibung, sondern eine tiefe Wahrheit.

Wir haben uns daran gewöhnt, das Wort „Materie" mit Vorstellungen von etwas Niederem und Wertlosem zu assoziieren, im Gegensatz zu dem, was wir „geistig" nennen, und wir haben uns dadurch der Mittel beraubt, zum Kern der Wirklichkeit durchzudringen und unserem Leben wie unserer Existenz in dieser materiellen Welt einen Sinn zu geben. Wir haben die tiefe Einheit zwischen der inneren und der äußeren Welt auseinander gerissen, indem wir die eine als „spirituell" oder „geistig" und die andere als „materiell" und im Grunde „illusorisch" deklariert haben.

Es ist die besondere Funktion der Meditation, die innere und die äußere Welt wieder zu vereinen, anstatt die eine um der anderen willen zu verleugnen. Meditation ist nicht eine Flucht vor der Welt, sondern ein Mittel, tiefer in sie hineinzublicken, unbehindert von Vorurteilen und von vertrauten Gewohnheiten, welche uns gegenüber den Wundern und den tiefen Mysterien, die uns umgeben, blind machen.

In der Philosophie, wie in der Religion, werden Begriffe wie Einheit, Universalität, Unendlichkeit, Grenzenlosigkeit, Formlosigkeit, Nicht-Etwasheit, Unveränderlichkeit, Zeitlosigkeit, Ewigkeit und andere Abstraktionen, die alle einseitig und lediglich rein begrifflicher Natur sind, grundsätzlich zu einem *summum bonum* gemacht und so benutzt, als wäre ihnen eine Garantieerklärung intellektueller Geistigkeit beigegeben. Und so versuchte man auch, sie nach Möglichkeit vollständig von ihren Gegenpolen, nämlich Verschiedenheit, Individualität, Form, Materialität, Bewegung in Zeit und Raum, Wechsel, Wachstum, Transformation etc. zu isolieren, die als Eigenschaften einer niederen Ordnung und als Negation „absoluter Wirklichkeit" gering eingeschätzt, wenn nicht gar abgelehnt werden. Dies ist ein typisches Beispiel für bloßes Wortdenken und logische Wortklauberei, die weit entfernt ist von einer wahren Einsicht in die Wirklichkeit, oder sagen wir: in die Natur der Wirklichkeit, die viele Dimensionen aufzuweisen vermag. Wir können zwar logisch von einem positiven und einem negativen Pol sprechen, aber in Wirklichkeit ist es unmöglich, die beiden Pole zu trennen und zu isolieren.

Wir können ein Stück magnetisierten Stahles so oft wir wollen zerteilen, dennoch werden wir nie imstande sein, den positiven von dem negativen Pol zu trennen. Jedes Teil wird immer beide Pole haben. Das zeigt, dass Polarität nur ein Aspekt der Einheit ist, nicht aber eine willkürliche Dualität darstellt, sondern einem untrennbaren Ganzen angehört.

Unsere abstrakten Denker wollen jedoch eine Einheit ohne Verschiedenheit haben und Unendlichkeit ohne etwas Endliches oder Ewigkeit ohne Wechsel, Universalität ohne Individualität, Leere ohne Form, Substanz ohne Qualität, Energie ohne Materie, Geist ohne Körper und dergleichen mehr. Sie sehen nicht ein, dass Einheit ohne Verschiedenheit sinnlos ist oder dass es keine Unendlichkeit geben kann ohne Endliches, dass Universalität nur im Individuum erlebt werden kann und dass das Individuum andererseits seinen Sinn und Wert nur aus der Erkenntnis seines universellen Hintergrundes schöpft. Mit anderen Worten, Universalität und Individualität sind nicht zwei gegenseitig sich ausschließende, unvereinbare Gegensätze. Wir können zu keiner Universalität gelangen, wenn wir unsere Individualität zerstören oder verachten. Wir sind alle Individuen, aber wir sind nicht notwendigerweise Egoisten. Individualität ist nicht identisch mit Egozentrik. Indem wir unser Ich überwinden, verlieren wir nicht unsere Individualität, sondern im Gegenteil, wir bereichern und erweitern unsere Persönlichkeit, welche auf diese Weise ein Ausdruck eines größeren und universaleren Lebens wird.

Solange die Illusion eines dauernden, unveränderlichen und getrennten, selbständigen Ichs besteht, stehen wir in Opposition zur essentiellen Natur des Lebens. Denn Leben bedeutet Bewegung, Wechsel, Wachstum, Verwandlung, Entfaltung und Integration in immer wesentlichere Formen gegenseitiger Beziehung. Wenn wir die Welt aus der Perspektive unseres begrenzten, kleinen Ichs und unserer zeitgebundenen, flüchtigen Wünsche und Begierden sehen, entstellen wir sie nicht nur, sondern wir machen sie zu einem Gefängnis, das uns von unseren Mitwesen und von den Quellen wahren Lebens trennt.

Aber in dem Augenblick, wo wir wirklich selbstlos werden, indem wir uns aller selbstischen Tendenzen entleeren, allen Begierden und allem Machthunger entsagen, brechen wir die Mauern unseres selbstgeschaffenen Kerkers nieder und werden der Größe und Unbegrenztheit unseres wahren Wesens bewusst. Denn dieses unser wahres Wesen beinhaltet zahllose Formen, Lebensmöglichkeiten und Wahrnehmungen des Bewusstseins, in denen jede Form eine augenblickliche Konstellation von Kräften und Aspekten im dauernden Strom des Lebens darstellt. Die Tatsache, dass keine Form und kein Lebensaspekt eine selbständige und unveränderliche Einheit ist, sondern nur in Beziehung zu anderen und im letzten Sinne zur Ganzheit alles Existierenden besteht, wird im buddhistischen Terminus *shunyata* ausgedrückt, der wörtlich „Leerheit" bedeutet, nämlich *leer von* Selbstnatur oder dauernder Substanz.

Diese Leere kann jedoch nicht begriffen und verwirklicht werden, ohne dass wir uns des entgegengesetzten Poles bewusst sind, d.h. der Vorstellung von Form. Ebensowenig kann die Funktion der Form ohne die Leere gedacht oder wahrgenommen werden. (Ich spreche von der „Funktion" der Form, weil die Form nicht statisch ist, sondern ein energetischer Zustand in einem mehr oder weniger großen Gleichgewicht.)

Und wie Objekte nur im Raum existieren können und Raum nur vorgestellt werden kann unter Beziehung auf Objekte, so bedingen auch Form und Leere einander. Sie existieren untrennbar voneinander, weshalb auch *shunyata* umschrieben wurde als die „erfüllte Leere" – als die allumfassende, alles enthaltende und alles hervorbringende Leere. Im tiefsten, metaphysischen Sinne ist sie der Urgrund, der immer gegenwärtige Ausgangspunkt aller Schöpfung. Sie ist das Prinzip unbegrenzter Potentialität, welche in Augenblicken vollständiger und unbedingter Freiheit – in Augenblicken intuitiven Schauens erfahren werden kann, in welchen wir aus dem Netz von Ursache und Wirkung herausgehoben sind und mit dem Gefühl reinen Daseins konfrontiert werden. Auf intellektueller Ebene ist *shunyata* die Relativität aller Dinge und Zustände, da kein Ding unabhängig in sich selbst besteht, sondern nur in Bezug auf andere – und letztlich in Bezug auf das gesamte Universum. Diese Beziehung ist mehr als nur kausal oder als eine reine Raum- und Zeit-Beziehung; sie beruht auf einem gemeinsamen Urgrund und einer gleichzeitigen Gegenwart aller Daseinsfaktoren, obwohl einige dieser Faktoren einen momentanen Vorzug vor anderen haben mögen. Somit ist *shunyata* nicht mit „Nichtsheit" zu übersetzen, sondern eher mit „Nicht-Dinglichkeit". Sie ist der Anfang und das Ende aller Dinge.

Wenn wir *shunyata* als ein Erlebnis auffassen wollen und nicht als den bloßen Begriff der Relativität (so nützlich dies auch vom philosophischen Standpunkt aus sein mag), müssen wir bewusst durch den Prozess von Schöpfung und Auflösung, von Werden und Entwerden und Wiedereinschmelzung gehen. Und das geschieht in der Meditation des Vajrayana. Wir müssen *erleben,* dass Form Leere ist und Leere Form, indem wir bewusst Form erschaffen, bis sie dem inneren Auge klar sichtbar ist und erfüllt ist mit Leben und Bedeutung – um sie dann wieder Stück für Stück einzuschmelzen in die Leere des allumfassenden inneren Raumes. Dies ist der zweifache Vorgang der Meditation; sie besteht nicht nur in der Umkehrung des schöpferischen Dranges oder in der Negation aller Form, sondern enthält beides: Formschöpfung und Form-Auflösung, denn *shunyata* kann niemals zum Erlebnis werden, wenn wir nicht beide Pole ihrer inkommensurablen Natur erfahren haben.

Der Weg nach innen

Um *Shunyata* im tiefsten Sinne zu verstehen, muss man, wie D. T. Suzuki sagt, „im Zentrum des Seins sitzen und von dieser Nabe die Dinge betrachten". Um aber zu dieser Nabe des Daseins zu gelangen, in das Zentrum unserer Existenz, müssen wir die Richtung unseres geistigen Ausblicks umkehren und nach innen schauen. Diese innere Umkehr in der Tiefe unseres Bewusstseins ist der Hauptzweck aller Meditation.

Bisher haben wir von innen nach außen geblickt, indem wir unsere Aufmerksamkeit auf die selbst geschaffenen Objekte unserer Sinneswahrnehmung und unserer geistigen Aktivitäten richteten. Nun kehren wir diese Richtung um und gehen den Weg, auf dem wir kamen, zurück, indem wir die Knoten, durch die wir uns mit dieser Existenz, diesem menschlichen Leben, verknüpft haben, auflösen.

Im Surangama-Sutra erklärte der Buddha diesen Vorgang, indem er einen Knoten in einen Seidenschal machte, und,

während er ihn emporhielt, fragte er seinen Lieblings-
schüler Ananda:

„Was ist das?" – Ananda antwortete: „Ein seidenes Tuch,
in das du einen Knoten geknüpft hast." Der Buddha machte
daraufhin einen zweiten Knoten und einen dritten und so
fort, bis er auf diese Weise sechs Knoten gemacht hatte.
Und jedes Mal fragte er Ananda, was er sähe. Und jedes
Mal gab Ananda die gleiche Antwort.

Daraufhin sagte der Buddha: „Als ich den ersten Knoten
knüpfte, nanntest du ihn einen Knoten. Als ich den zweiten
und dritten und alle folgenden knüpfte, gabst du mir dieselbe Antwort."

Ananda, der nicht begriff, worauf Buddha hinauswollte,
wurde verwirrt und rief aus: „Ob du einen oder hundert
Knoten machtest, sie blieben immer Knoten, obwohl das
Tuch aus verschiedenfarbigen Seidenfäden besteht und zu
einem Stück gewebt ist."

Der Buddha gab dies zu, aber wies darauf hin, dass, obwohl das Gewebe eine Einheit bildete und alle Knoten Knoten wären, es dennoch einen Unterschied gäbe, nämlich die
Aufeinanderfolge, in der die Knoten geknüpft wären.

Um diesen subtilen, aber wichtigen Unterschied zu de-
monstrieren, fragte der Buddha, wie diese Knoten aufzulö-
sen wären. Und zu gleicher Zeit begann er, an den Knoten
herumzuzupfen, und zwar so, dass sie, statt lockerer zu
werden, fester wurden. Schließlich sagte Ananda: „Ich
würde erst herauszufinden versuchen, in welcher Weise die
Knoten geknüpft wurden."

„Du hast Recht!", rief der Buddha aus. „Wenn du einen
Knoten lösen willst, so musst du zuerst herausfinden, wie
er geknüpft wurde. – Denn wer den Ursprung der Dinge
kennt, kennt auch ihre Auflösung. Aber lass mich eine andere Frage an dich richten: Können alle Knoten zu gleicher
Zeit entwirrt werden?"

„Nein, erhabener Herr! Da die Knoten, einer nach dem anderen, in einer bestimmten Aufeinanderfolge geknüpft wurden, können sie nicht gelöst werden, es sei denn in umgekehrter Reihenfolge."

Der Buddha erklärte sodann, dass die sechs Knoten den sechs Sinnesorganen entsprechen, durch welche der Kontakt mit der Außenwelt hergestellt wird.

In ähnlicher Weise muss die Meditation auf dem Niveau unseres augenblicklichen Daseinszustandes beginnen, von dem unser Körper die augenfälligste Manifestation ist. Statt uns in Glaubenssätzen und Meinungen, Theorien und Dogmen, geistige Ideen und hochtrabende Hypothesen verwickeln zu lassen, müssen wir die Knoten unseres Körpers und Geistes lösen. Wir müssen unsere Spannungen und Erregungszustände mindern – uns entspannen und so einen Zustand völliger Harmonie und geistigen Gleichgewichtes herstellen. Um aber dieses Gleichgewicht zu verwirklichen, muss unser Körper zentriert werden und entspannt in sich selbst ruhen. Nur wenn unser Körper zentriert ist und alle seine Funktionen zur Ruhe gekommen sind, kann auch unser Geist zentriert werden und das herstellen, was wir ganz allgemein als Konzentration bezeichnen. Sie ist das erste Requisit der Meditation. Konzentration sollte jedoch nicht mit jener intellektuellen Anstrengung verbunden sein, die zur Lösung eines Problems erforderlich ist, sondern sollte eher ein Ruhen des Geistes in seinem eigenen „Gravitationszentrum" sein, das durch das Interesse am Gegenstand der Meditation entsteht und aktiviert wird.

Das Wort „Interesse" bedeutet ein Darinnensein (interesse) – nämlich im Objekt unserer Betrachtung – und damit kein bloßes Von-außen-Betrachten, sondern ein Sich-selbst-mit-den-Gegenständen-Identifizieren. Dies ist aber nur dann möglich, wenn das Objekt unserer Meditation uns inspiriert. Denn womit können wir uns wirklich identifizieren? Sicherlich nicht mit einer abstrakten Idee, einem bloßen Begriff, einem moralischen Prinzip oder einer philosophischen These, wohl aber mit einem im Menschen verkörperten Ideal, das imstande ist, von jedem Menschen verwirklicht zu werden. Hier hat die Vorstellung vom vollendeten oder vollständigen Menschen, vom vollkommen Erleuchteten, dem Buddha, ihren Ursprung. Dies ist der Grund, warum am Anfang des Meditationspfades ein Element der Hingabe, der Glaube an die höheren Befähigungen (oder die göttliche Natur) des Menschen und das sich einem höheren Ideal Weihen die Hauptkräfte sind, die uns zur endgültigen Verwirklichung unseres Zieles bringen. Diejenigen, welche glauben, dass Meditation ohne Glauben praktiziert werden kann, geben sich einer rein intellektuellen Akrobatik hin. Sie werden nie in das Reich des Geistes vordringen.

Hingabe beseitigt das Haupthemmnis der Meditation, das Ich, und öffnet uns einem größeren Leben, während *Inspiration* uns zur Verwirklichung unseres Zieles antreibt. Doch kann auch ohne ein verständliches und überzeugendes Ziel meditativer Praxis die Meditation selbst nie erfolgreich sein. Aus diesem Grunde haben wir erst unser Ziel festzusetzen und uns selbst von seinem Wert und seiner Erreichbarkeit zu überzeugen. Darum haben wir einen geistigen Hintergrund und ein geistiges Klima zu schaffen, ehe wir mit der eigentlichen Praxis der Meditation beginnen können. Ohne diesen Hintergrund und die Macht innerer Überzeugung (oder Glauben) wird Meditation eine langweilige Angelegenheit, zu der wir uns zwingen müssen, anstatt von ihr angezogen zu werden. Das ist psychologisch von größter Bedeutung, da es dem natürlichen und darum spontanen Verhalten des bewussten organischen Lebens entspricht.

„Das Verhalten eines Organismus resultiert aus seinem Hingezogensein zu einer Sache, aus seinem Wunsch für etwas, wohingegen die orthodoxe Psychologie, die sich auf Physiologie und auf physikalische Wissenschaften stützt, gezwungen ist, Verhalten als eine Folge von Reiz und Trieb aufzufassen (zum Beispiel Hunger, Sexualtrieb, Furcht, Ehrgeiz etc.). Diese werden so dargestellt, als entständen sie aus einer Kette physikalischer Ursachen, die im Wesentlichen denen gleichen, die eine Maschine antreiben ... das aber erklärt nicht die eindeutige Gerichtetheit von Verhalten. Der Trieb kann zwar – wie der Treibstoff eines Automobils – einen Organismus in Bewegung setzen. Doch ohne Lenkmöglichkeit kann der Wagen kein Ziel anlaufen und wird die Richtung verfehlen ...

Der Unterschied zwischen den gegensätzlichen Begriffen ,Trieb' und ,Ziel' – zwischen einem Getriebensein und einem Angezogenwerden, scheint mir mehr als ein bloßes Wortspiel zu sein. Es beinhaltet zwei ungleiche Betrachtungsweisen der Grundlage aller organischen Aktivität. Wir sind so mechanisch eingestellt, dass uns der Begriff des Triebes und des Getriebenseins am natürlichsten erscheint. Tatsächlich ist aber die Idee des von etwas Angezogen-Werdens eine viel genauere Darstellung unserer Motive, so wie wir sie täglich erfahren." (Edmund W. Sinnot: *The Biology of the Spirit,* New York 1955, S. 66 ff.)

Meditation sollte nicht eine Aufgabe sein, deren wir uns „mit zusammengebissenen Zähnen und geballten Fäusten" unterziehen, sie sollte eher etwas sein, das uns anzieht, weil es uns mit Freude und Inspiration erfüllt. Solange wir uns zwingen müssen, sind wir noch nicht reif für die Meditation. Statt zu meditieren, vergewaltigen wir unsere wahre Natur. Anstatt uns zu entspannen, halten wir uns an unserem Ich fest, an unserer Willenskraft. In dieser Weise wird Meditation zu einem Spiel des Ehrgeizes, der persönlichen Leistungsfähigkeit und des Größenwahns.

Meditation ist aber eher der Liebe verwandt: ein spontanes Erlebnis, nicht etwas, das erzwungen werden kann oder das durch Anstrengung erworben wird. Wenn es mir erlaubt ist, Martin Bubers treffende Worte über die Philoso-

phie zu paraphrasieren, indem ich das Wort „Philosophie"
durch „Meditation" ersetze, würde ich die Quintessenz der
Meditation folgendermaßen formulieren:

„Wahre Meditation ist die Meditation eines Liebenden.
Wer auf diese Weise Meditation praktiziert, dem wird die
verborgene Bedeutung aller Dinge enthüllt, das Gesetz der
Dinge, das noch niemand anderem zuvor enthüllt wurde
und das nicht ist wie etwas, das außerhalb unserer selbst
lebt, sondern als wäre es unser innerster Geist, der Sinn all
unseres Daseins und Schicksals, von allen schmerzlichen
und erhabenen Gedanken. Alles dies würde ihm plötzlich
offenbar."

Obwohl der Gipfel der Liebe im Einswerden mit dem ge-
liebten Gegenstand besteht, so ist hier dennoch Voraussetzung, dass Liebe nicht entstehen kann ohne ein anfäng-
liches Objekt, welches uns in solchem Maße inspiriert, dass
wir uns am Ende damit identifizieren können. Ebenso: um
unser Herz ganz der Meditation zuzuwenden, müssen wir
in gleicher Weise von ihrem Ziel inspiriert werden und von
ihrem Ausgangsobjekt. Denn Meditation ist nicht bloß ein
Zustand der Betrachtung oder der Tagträumerei, sondern
vielmehr unmittelbares Bewusstsein und unmittelbare
Wahrnehmung, die nicht ohne Objekt bestehen kann. Es
gibt kein Bewusstsein ohne Inhalt.

Bewusst zu sein bedeutet, irgendetwas wahrzunehmen.
Menschen, die behaupten, mit „leerem Geist" zu meditieren, betrügen sich selbst. Sie mögen ihrer Phantasie Raum
geben oder sich in einem Traumzustand befinden oder gar
schlafen, aber sie sind weit entfernt davon zu meditieren.
Bewusstsein ist eine dynamische Kraft, in dauernder Bewegung, in einem kontinuierlichen Strom. Man kann ihn so
wenig aufhalten wie einen Fluss. Wenn wir ihn aufhalten
oder zum Stillstand bringen können, so gäbe es keinen
Fluss mehr, denn die Natur eines Flusses besteht im
Fließen. Obwohl wir jedoch einen Fluss nicht aufhalten

können, können wir ihn regulieren, indem wir sein Wasser in die gewünschte Richtung leiten. In gleicher Weise können wir auch den Geist oder die Tätigkeit des Bewusstseins nicht aufhalten oder zum Stillstand bringen, aber wir können seine Richtung bestimmen. Das jedoch bedeutet: *Meditation ist gerichtetes Bewusstsein.*

Dieses gilt selbst für jene, die kein unmittelbares Meditationsobjekt wählen, denn auch sie wechseln auf jeden Fall ihre Bewusstseinsrichtung, indem sie sich nach innen wenden. Das aber resultiert in einem augenblicklichen oder zeitweisen Gefühl des Friedens. Denn dadurch, dass wir das Bewusstsein nach innen wenden, es gewissermaßen auf sich selbst richten und beobachten, halten wir seinen Fluss auf. Und wie ein Wasserlauf eingedämmt werden kann und einen ruhigen See bildet, bis das Wasser wieder überfließt, so verharrt der Geist für eine Zeit im Zustand der Ruhe. Das ist es, was wir als „den Geist in sich selbst ruhen lassen" bezeichnen und was den ersten Schritt der Meditation ausmacht. In diesem Zustand ist das Bewusstsein gestillt und verharrt so zeitweise in „Betrachtung". In diesem Zustand wird der Inhalt unseres Bewusstseins auf seiner Oberfläche reflektiert, so dass wir ihn wie ein unbeteiligter Zuschauer beobachten können. Die meisten Meditationsübungen erschöpfen sich in diesem Punkt und gelangen nicht über ihn hinaus.

Aber das allein genügt nicht. Auch können wir diesen Zustand nicht längere Zeit aufhalten, denn so wie fließendes Wasser, das eingedämmt ist, nach einer gewissen Zeit in verschiedenste Richtungen überfließt, so zerstreut sich auch unser Geist, wenn wir ihn dann nicht in eine von uns vorbestimmte Richtung leiten. Durch das bloße Beobachten unserer hin- und herschweifenden Gedanken, Emotionen und geistigen Bildeindrücke können wir zwar einen gewissen Einblick in die Funktionen unseres Bewusstseins erlangen, aber mehr nicht. Hier aber bleibt die moderne Psychologie stehen, nachdem sie die Bewusstseinsinhalte analysiert, interpretiert und in dieser Weise gründlich beobachtet hat. Aber Interpretationen geistiger Bilder und archetypischer Symbole auf dem Niveau intellektueller Analyse sind ebenso unbefriedigend wie die Beschreibung von Musik in Worten oder die Beschreibung von Farben einem Blinden gegenüber.

Die Wortsprache (auf der alle intellektuelle Tätigkeit beruht) und die Symbolsprache (die sichtbare, hörbare und emotionale Ausdrucksformen kombiniert und in der unser Tiefenbewusstsein sich ausdrückt) sind zwei ganz verschiedene Medien des Ausdrucks und bewusster Wahrnehmung.

Das eine beruht auf mehr oder weniger feststehenden eindimensionalen Begriffen mit einer zweidimensionalen Logik (Entweder-Oder), das andere auf mehr oder weniger fließenden multidimensionalen Symbolen mit einer entsprechend multidimensionalen Logik. Der Bereich der Schauung und der Bereich des Denkens können zwar teilweise ineinander übergreifen, aber sie sind nie identisch. Die höhere Dimension mag die niedere enthalten, aber nicht umgekehrt. Meditation muss daher über das Wortdenken hinausgehen, über das Denken in Begriffen; es muss das ganze menschliche Wesen umfassen, nicht nur seinen Intellekt, sondern auch sein Fühlen, seine Visionen, seine emotionalen und intuitiven Fähigkeiten. Diejenigen aber, die ihren Intellekt wegwerfen oder unterdrücken (es sind im Allgemeinen solche, die nie einen solchen besaßen) befinden sich in einem ebenso großen Irrtum wie diejenigen, die alle Emotionen unterdrücken – im Allgemeinen nur, weil sie Angst haben, ihnen zu begegnen.

Nur wo Hirn und Herz vereint sind, kann wahre Intuition entstehen. Die Sprache der Intuition jedoch ist die des Symbols, das sich in Form innerer Schauung darstellt. Diese Schauung aber ersetzt die kausale, zeitbedingte Beziehung der verschiedenen Aspekte eines multidimensionalen Ge-

genstandes oder Prozesses (die – wenn man mit dem Denken herangeht – nur einer nach dem anderen, d. h. in zeitlicher Aufeinanderfolge erfasst werden können) durch ein gleichzeitiges Gewahrwerden aller wesentlichen Aspekte des betreffenden Symbols, entsprechend der Ebene, auf der es erlebt wurde.

Solch ein Symbol ist die Figur des Buddha, als Repräsentant des vollkommenen menschlichen Wesens – ein Symbol, das nicht nur sichtbar ist, sondern das in Körper und Geist, im Vorgang der Meditation und in devotionaler Praxis erfahren werden kann und mit dem sich der Meditierende in seinem innersten Wesen zu identifizieren vermag, selbst dann, wenn er noch einen langen Weg bis zur Verwirklichung dieses Zustandes vor sich hat.

Wenn wir eine Buddhastatue betrachten, so wird selbst ein Mensch, der nichts von den Lehren des Buddha weiß, zu dem Schlusse kommen, dass dies in der Tat die vollendete Darstellung des vergeistigten Menschen ist, der, ohne den festen Grund unter seinen Füßen zu verlieren, seine Körperlichkeit akzeptiert und dadurch veredelt hat, ohne deshalb an ihr zu hängen oder von ihr abhängig zu sein – der mit sich und der Welt im Frieden lebt. Welche Heiterkeit und Glückseligkeit spiegelt sich in seinem Antlitz, welcher Gleichmut und welche Ruhe in jedem seiner Glieder, welch tiefe Stille und Harmonie. Sie sind geradezu ansteckend und durchdringen den Beschauer! Da ist kein Wunsch mehr, kein Wollen, keine Rastlosigkeit, keine Unsicherheit, kein Jagen nach äußeren Dingen, keine Abhängigkeit von irgendetwas in der Welt. Dort ist der höchste Segen – mit einem Wort: Ganzheit, Vollendung!

Wer dieses Schaubild erschaffen und vor seinem geistigen Auge lebendig erstehen lassen kann, oder mehr noch, wer es in sich selbst erleben kann, wie es die großen Meister der Meditation taten und noch tun in wortloser Hingabe und vollkommener Selbstlosigkeit: ein solcher hat den grundlegenden Schritt zur inneren Verwandlung und Befreiung getan, denn er hat die Haltung gefunden, aufgrund derer das Ewige im Menschen je geboren wurde und auch in Zukunft geboren werden wird.

Dieses Bild des vollendeten oder vollkommenen Menschen, das sich aus den Jahrtausenden meditativer Erfahrung herauskristallisiert hat, stellt nicht nur einen willkürlich isolierten Augenblick aus der Laufbahn eines Buddha dar, sondern ist die Quintessenz seiner geistigen Tätigkeit – etwas, das zu allen Zeiten und für alle menschlichen Wesen gültig ist, etwas, das die wahre Natur des Menschen zum Ausdruck bringt. Wir mögen nicht imstande sein, diese innerste Natur des Menschen zu definieren oder sie uns in ihrer ganzen Fülle und Universalität vorzustellen. Aber wir können uns, wenn auch nur unvollständig, ein menschliches Wesen vorstellen, in dem alle die Qualitäten, die zur Verwirklichung dieses erhabenen Zustandes führen, verkörpert sind. Und da unser Streben ein unserem Verstehen angepasstes, konkretes Ziel braucht, das imstande ist, uns mit Mut und Gewissheit zu erfüllen, so kann es nichts Geeigneteres geben als die Gestalt des vollendeten Menschen, wie sie in der Figur des Buddha dargestellt ist. Indem wir unseren eigenen Körper in das lebende Symbol dieser Gestalt dadurch verwandeln, dass wir die Körperstellung und die innere Haltung der Meditation einnehmen, wobei wir unseren Geist von allen äußeren Objekten abziehen und ihn in seiner eigenen Mitte ruhen lassen, bereiten wir den Weg für das Erlebnis endgültiger Befreiung vor.

Körperbewusstsein

Meditation im buddhistischen Sinne würde man am besten definieren als „ein Überwinden der äußeren Wahrnehmung zugunsten einer inneren", so H. Zimmers Definition des

Yoga. Wenn wir unseren Körper in seiner äußeren materiellen Form oder Erscheinung betrachten, behandeln wir ihn als ein Objekt unter anderen Objekten der äußeren Welt. Wir können ihn in Stücke zerlegen, sezieren, analysieren, ihn in chemischen Säuren auflösen oder in seine molekularen Bestandteile zerlegen oder ihn als einen Mechanismus betrachten und die elektrischen Impulse messen, die ihn betätigen oder in Bewegung setzen. Von diesem Gesichtspunkt aus – der durchaus wissenschaftlich ist – können wir uns völlig von unserem Körper trennen und uns ihm insoweit entfremden, dass wir uns gegenseitig unabhängig fühlen und alle Verantwortlichkeit für unsere körperliche Existenz ablehnen.

Aber wenn wir *innerlich* unseres Körpers gewahr werden, haben wir es nicht mehr mit einem lediglich materiellen Objekt zu tun, einem Ding unter Dingen; wir stehen vielmehr einem lebendigen Organismus gegenüber, der nach der Lehre des Buddha ein Produkt unseres Geistes ist – d. h. jener grundlegenden Tendenzen unseres Bewusstseins, die wir in Äonen unserer Entwicklung erworben und aufrecht erhalten oder durch unsere gegenwärtigen Worte, Taten und Gedanken modifiziert haben.

In anderen Worten, unser Körper ist eine Form materialisierten Bewusstseins. Aber da dieses Bewusstsein eine unendliche Vergangenheit hat, ist es notwendigerweise eine Kondensation aller universellen Gesetze und Kräfte, die im Prozess seiner Individualisierung fokalisiert wurden und die es durch zahllose Inkarnationen mit sich schleppte, immer dabei der Linie seines innewohnenden Impulses folgend, der auf ein stets wachsendes Gewahrwerden und auf die Entfaltung jener Eigenschaften, Kräfte oder Erfahrungen gerichtet ist, die sich in unserem Tiefenbewusstsein angesammelt haben. [...]

Dass dieses Bewusstsein eine lebende Kraft ist und nicht ein stagnierender Zustand, macht deutlich, dass keine dauernde körperliche Form das Wesen dieses Bewusstseins repräsentieren kann oder ihm Genüge tun könnte. Gerade der Wechsel – oder besser gesagt, die Fähigkeit der dauernden Transformation – ist ein Produkt und ein wesentlicher Ausdruck des dynamischen Charakters des Geistes. Wenn wir diesen Wechsel von einem voreingenommenen, besitzergreifenden Gesichtspunkt betrachten, sehen wir ihn bloß von der negativen Seite, als eine negative Qualität, statt uns der positiven Seite dieses Vorgangs bewusst zu werden; dass er nämlich weder eine willkürliche noch sinnlose Vernichtung ist, sondern vielmehr ein Prozess kontinuierlicher Umformung und Wandlung gemäß dem innewohnenden Gesetz des lebendigen Geistes in uns.

Ich starb als Stein und wurde eine Pflanze,
Starb als Pflanze und wurde ein fühlendes Wesen,
Starb als Tier und wurde zu einem Menschen;
Wann wurde ich je weniger durch mein Sterben?
Dschalaluddin Rumi

Diejenigen, welche den Körper um seiner Vergänglichkeit willen verachten, beweisen damit nur ihre mangelnde Reife. Für sie wird der Körper zu einem Gefängnis, während für diejenigen, die den Körper als eine Schöpfung und den sichtbaren Ausdruck jener Kräfte, die unser innerstes Wesen ausmachen, ansehen, er zum Tempel des Geistes wird. Ein Tempel jedoch reflektiert durch seine Struktur die Eigenschaften und Funktionen des darinnen wohnenden Geistes. Ein Tempel aber, der einen universellen Geist beherbergt, muss selbst das Universum darstellen. Genau das behaupten die Tantras. Die Funktionen unseres Körpers entsprechen den Funktionen und Gesetzen des Universums, die sich langsam entfalten und in uns bewusst werden. Je mehr wir diesen Vorgang begreifen, desto größer wird die Harmonie und das Zusammenwirken zwischen

Körper und Geist, zwischen der inneren und der äußeren Welt, bis wir schließlich ihre essentielle Einheit verwirklichen. In diesem Augenblick werden wir wissen, dass das Universum selbst unser wahrer Körper ist und dass wir nicht auf unsere gegenwärtige Körperlichkeit beschränkt sind, in der unser universeller Körper auf der zeitlichen, dreidimensionalen Ebene seinen Ausdruck sucht.

Die alleraugenscheinlichste und lebenswichtigste Funktion unseres psychosomatischen Organismus ist die Funktion des Atmens. Wie lebenswichtig und grundlegend sie ist, können wir aus der Tatsache ersehen, dass wir ohne Nahrung für einige Wochen, ohne Getränk einige Tage, aber ohne Luft kaum einige Minuten leben können. Wir können selbst auf unser Bewusstsein verzichten – wie im tiefen Schlaf und unter Narkose –, aber wir können nicht aufs Atmen verzichten, solange wir leben. Atmen ist darum die allersubtilste Funktion unseres Organismus, eine Funktion, die sowohl bewusst wie unbewusst, willentlich und nichtwillentlich (automatisch) sein kann. Dies steht im Gegensatz zu den anderen vegetativen organischen Funktionen, wie z. B. dem Schlagen des Herzens, dem Blutumlauf, den Strömen nervöser Energie, den Funktionen der Verdauung, der Assimilation und Ausscheidung etc. Atmen ist die einzige vitale Funktion, die trotz ihrer Unabhängigkeit von unserem normalen Bewusstsein und trotz ihres sich selbst regulierenden und selbst erhaltenden, nichtbewussten Charakters zur bewussten Funktion erhoben werden kann, die dem Geiste zugänglich ist. Infolge dieser Doppelnatur kann der Atem zum Vermittler zwischen Geist und Körper gemacht werden und wird so zum Mittel unserer bewussten Teilnahme an den lebenswichtigsten und universalsten Funktionen unseres psychosomatischen Organismus. Das Atmen ist auf diese Weise das verbindende Glied zwischen bewussten und unbewussten, grobmateriellen und feinmateriellen, willentlichen und automatischen Funktionen und daher der vollkommenste Ausdruck der Natur allen Lebens.

Diejenigen Übungen, die zu den tieferen Stadien der Meditation führen, beginnen daher mit der Beobachtung und dem Erlebnis des Atmens, das auf diese Weise von einer automatischen und unwillkürlichen Funktion in eine bewusste verwandelt wird und schließlich in den Vermittler geistiger Kräfte. Als solcher wurde es *prana* im alten Sanskrit genannt. Dieser Ausdruck vereinigt in sich die physischen wie die psychischen und geistigen Eigenschaften des Atmens, in etwa vergleichbar dem Wort „Inspiration", das sowohl im Sinne von Einatmung wie für das unmittelbare geistige Gewahrwerden und Erleben gebraucht werden kann, oder auch vergleichbar dem griechischen Wort *pneuma*, das sowohl „Geist" wie auch „Luft" bedeutet.

Die Alten hatten augenscheinlich eine tiefe Einsicht in die Natur des Atems und behandelten ihn nicht nur als eine physische Funktion, sondern als einen Vermittler kosmischer Energie. Wenn wir darum unseren Willen dieser Funktion aufzwingen wollen, ohne eine tiefere Kenntnis ihrer Gesetze und deren weitreichender Wirkung, sind wir in Gefahr, unserer Gesundheit dauernden Schaden zuzufügen. Wenn wir andererseits mit dieser Funktion mitzuwirken versuchen, und zwar bewusst, ohne ihr unseren Willen aufzuzwingen, ohne selbstische Absichten oder Herrschsucht, sondern nur indem wir sie mit unserem Bewusstsein und ungeteilter Aufmerksamkeit *(sati)* erfüllen, dann wird die Funktion des Atmens nicht nur von einem physischen Vorgang zu einem geistigen Erlebnis erhoben, sondern der ganze Körper wird von Lebensenergien durchdrungen und in seiner Ganzheit bewusst werden, so dass er in ein Werkzeug des Geistes verwandelt wird. An Stelle des Sezierens und Analysierens oder der Hinwendung des Bewusstseins auf äußere Bewegungen oder sekundäre Funktionen unseres Körpers werden wir somit wieder heil und vollständig in

Körper und Geist, indem jede einzelne Funktion ihren Sinn in Bezug auf das Ganze erhält. Dagegen ist das bloße Gewahrwerden untergeordneter Funktionen, losgelöst von ihren ihnen zugrunde liegenden Beziehungen, völlig wertlos.

Wenn wir dann die Atemfunktion gegen einen Hintergrund betrachten, der weitgespannter ist als der unseres augenblicklichen individuellen Organismus, so erkennen wir, dass diese Funktion nicht nur ein Bindeglied zwischen den bewussten und den unbewussten Funktionen unseres Körpers ist, sondern auch zwischen zwei Welten: der inneren und der äußeren, dem Individuum und dem Universum. Auf dieser Grundlage reifte die upanischadische Idee des *atman*, jenes universellen Prinzips im Menschen, das mit dem dynamischen *prana*, dem Lebensodem, der Lebenskraft, die durch den Menschen strömt, identisch ist, so dass der Mensch an dem größeren Leben teilhat, in dem das Individuum und das Universum eins sind. Und aus dem gleichen Grund musste der Buddha die alte Terminologie umkehren, als die Idee des *atman* sich zu einem stagnierenden, abstrakten Begriff verhärtet hatte, nämlich zu dem Begriff einer unveränderlichen, dauernden, unsterblichen Seele, die für den gewöhnlichen Menschen ununterscheidbar von einem glorifizierten Ich war. Darum ersetzte der Buddha den *atman* durch den *anatma-vada*, die Lehre von der Ichlosigkeit, welche die dynamische Natur des Lebens wieder herstellte, ohne dadurch das Ewige im Menschen zu leugnen. Tatsächlich stellte er die Unversalität des Menschen wieder her – aber als etwas, das erlebt und verwirklicht werden muss durch die Überwindung unserer einengenden Ich-Illusion.

Eines der wirksamsten Mittel, um dies zu erreichen, ist die Übung der *Anapanasati*, der Kontemplation und des bewussten Erlebens des Atmungsprozesses, wie sie in einigen der wichtigsten Pali-Texte (wie *Majjhima-Nikaya* und *Digha-Nikaya*) beschrieben sind.

Anapanasati bedeutet die Vergegenwärtigung oder Aufmerksamkeit (p. *sati*, sk. *smrti*) beim Ein- und Ausatmen (pali: *pana*, sk. *prana*).

Der Text beschreibt in einfachen Worten, wie der Meditierende, nachdem er sich an einen ruhigen Platz zurückgezogen und mit untergeschlagenen Beinen die übliche Meditationsstellung eingenommen hat, bewusst ein- und ausatmet:

„Indem er lang einatmet, weiß er: Ich atme lang ein. Indem er lang ausatmet, weiß er: Ich atme lang aus. Indem er einen kurzen Atemzug nimmt, weiß er: Ich atme kurz ein. Indem er einen kurzen Atemzug ausatmet, weiß er: Ich atme kurz aus, etc."

Es ist selbstverständlich, dass er seine Beobachtung nicht verbalisiert und dass er einfach voll jeder Atemphase bewusst ist, ohne intellektuelle Verantwortung, ohne Zwang, ohne Vergewaltigung der natürlichen Funktionen des Körpers. Er versucht also nicht, seine Gedanken dem Atem aufzuzwingen, sondern folgt bewusst seinem natürlichen Rhythmus. Hierdurch wird nicht nur der Atem selber bewusst, sondern auch die Organe, durch die er fließt.

Wäre dies alles nun lediglich eine Angelegenheit intellektueller Beobachtung und eine Analyse des Atemvorganges, so würde diese Übung in diesem Stadium ihr Ende erreicht haben. Der Zweck dieser Übung ist jedoch das genaue Gegenteil, nämlich die Verwirklichung einer Synthese: das Erlebnis des Körpers als eines Ganzen, und endlich der Synthese von Körper und Geist. Unser Text fährt darum fort mit dem Worten: „Den ganzen Körper erlebend will ich einatmen – den ganzen Körper erlebend will ich ausatmen."

Der nächste Schritt ist die Beruhigung aller Funktionen des Körpers durch den bewussten Rhythmus des Atmens. Von diesem Zustand vollkommenen geistigen und physischen Gleichgewichtes und der daraus entstehenden Harmonie erwächst jene innere Heiterkeit und ein Glücksgefühl, das den ganzen Körper mit einer Empfindung höchsten Wohlseins erfüllt, vergleichbar der erquickenden Kühle einer Quelle, die das ganze Wasser eines Bergsees durchdringt.

So wird der Atem zu einem Vehikel geistiger Erfahrung, zum Vermittler zwischen Körper und Geist. Hier geschieht der erste Schritt zur Verwandlung des Körpers vom Zustand eines mehr oder weniger passiven oder unbewusst funktionierenden physischen Organismus in ein Werkzeug eines vollkommen entwickelten und erleuchteten Geistes, wie er sich im strahlenden und vollkommenen Körper des Buddha darstellt. Die nächsten Stufen sind der Einverleibung geistiger Funktionen in den Atmungsvorgang gewidmet, d.h.: Was immer der Gegenstand unserer wachsenden Wahrnehmung in Form unserer Gefühle, Gedanken, Gemütsbewegungen und Sinneseindrücke etc. ist, wird mit den Funktionen des Atems assoziiert oder in sie hineinprojiziert, so dass sie in ihnen erlebt und von ihnen getragen werden – und schließlich eins werden mit dem universelleren Atemkörper. Das aber ist ein Prozess, der nicht erklärt, sondern nur erlebt werden kann und der darum nur von denen, die praktische Erfahrung in der Meditation haben, verstanden werden wird. Doch kann diese von all denen erworben werden, welche die Geduld haben, Stufe um Stufe fortzuschreiten, wobei jede der Stufen aus sich heraus den Weg zur nächsthöheren in dem Umfang freigibt, wie sich der Charakter und das Niveau der geistigen Entwicklung des Meditierenden hebt.

Und eben aus diesem Grunde sind alle östlichen meditativen Übungen in ganz allgemein gehaltenen Anweisungen abgefasst, die lediglich als Marksteine dienen, aber die die individuelle Erfahrung unangerührt lassen. Dies mag als ein Nachteil oder Mangel jener Texte erscheinen, ist aber in Wirklichkeit nur eine kluge Vorsichtsmaßnahme, um der Gefahr gedankenloser Nachahmung und blinder Übernahme von Erfahrungen anderer Menschen entgegenzuwirken, die oft zeitlich und örtlich weit von uns entfernt sind. Darum müssen wir uns hüten vor einer sklavischen Nachahmung östlicher Tradition, wie dies in unserer Zeit bereits öfters geschehen ist. Meditation ist eine durchaus individuelle Angelegenheit, trotz gewisser allgemein-psychologischer Gegebenheiten. Ebenso wie ein Arzt nicht für alle Patienten dieselbe Medizin verschreiben kann, so kann dieselbe Meditationsübung nicht für alle Meditierenden gültig sein.

Die Betrachtung des Atems
und die Bedeutung von Prana

Bestimmte Arten von Übungen beruhen auf so universellen Prinzipien, dass sie alle normalen Menschen anwenden können, vergleichbar allgemeinen Regeln zur Erhaltung unserer physischen Gesundheit. Die Praxis von *anapanasati* ist die wichtigste dieser Übungen und wurde deshalb vom Buddha als bester Anfangspunkt jeglicher Art schöpferischer Meditation *(bhavana)* empfohlen.

Es ist bemerkenswert, dass unter den vierzig Meditationsobjekten, die in den Pali-Texten erwähnt werden, *Anapanasati* eines der wenigen ist, das zum tiefsten Stadium der Versenkung führt.

Aber selbst die Beschreibung dieser Übung kann nur das Rahmenwerk dieser Meditation geben, das mit dem Erleben des Meditierenden ausgefüllt werden muss. Obwohl ein Sonnenuntergang – als ein faktisches Geschehen – für jeden, der ihn beobachtet, der gleiche ist, so gibt es doch nicht zwei Menschen, die diesen Vorgang in gleicher Weise erleben. Dementsprechend sollte keine Beschreibung eines persönlichen Meditationserlebnisses als Modell nachgeahmt werden, sondern nur als ein Beispiel oder eine Andeutung betrachtet werden, wodurch die Möglichkeiten dieser

Art von Übung aufgezeigt werden. Sie bewirken eine ähnlich inspirierende Anregung wie ein Gedicht oder irgendein anderes von anderen geschaffenes Kunstwerk, das uns ermutigt, unsere eigenen schöpferischen Fähigkeiten in einer ähnlichen Richtung zu betätigen, ohne dass es uns dabei in den Sinn käme, irgendetwas nachzuahmen oder die Spontaneität unseres Geistes in eine vorgegebene Form zu pressen.

Hier aber liegt gerade der Wesensunterschied zwischen *Anapanasati* und *Pranayama* (das durch viele Yogalehrer im Westen propagiert wurde, die im Allgemeinen der Hindutradition folgen).

Denn *Anapanasati* versucht weder den Atem zu beherrschen noch ihn zu kontrollieren (yama), etwa in dem Sinne, dass wir unserem Atem unseren Willen aufzwingen, was nur unserem Ich schmeicheln würde oder dem Machtanspruch unseres Egos Auftrieb gäbe. *Anapanasati* versucht vielmehr, uns diesen lebenswichtigen Vorgang des Atmens voll erlebbar zu machen, indem wir uns bewusst mit seinem Rhythmus und seinen tief greifenden, verwirrend vielfältigen Wirkungen identifizieren.

Dadurch aber, dass wir uns dem Rhythmus des Universums einordnen, statt ihn durch willkürliches Einmischen zu stören, erleben wir die innerste Natur des Lebens. Denn es ist der Rhythmus des Universums, der durch uns atmet.

Anstatt uns selber als Urheber oder Betätiger dieser Bewegung zu betrachten (*Ich* atme ein, *ich* atme aus), sollten wir vielmehr empfinden: „Das Universum atmet mich ein, strömt durch mich; es ist *nicht ich*, der atmet, es ist das Universum, das durch mich atmet." Und während wir dies erleben, empfangen wir die vitalen Kräfte *(prana)* des Universums mit unserem ganzen Wesen, mit jedem Atemzug, und wir geben uns mit jedem Ausatmen ihm hin. Dieses lässt uns erkennen, dass das Leben aus einem dauernden Geben und Nehmen besteht, aus Empfangen und Loslassen, Einverleibung und Verzicht, aus einem dauernden Austausch und tiefer gegenseitiger Bezogenheit aller individuellen und universellen Kräfte. Was immer wir empfangen, müssen wir zurückgeben, denn was immer wir zurückzuhalten versuchen, um es für uns selbst zu behalten, wird uns zum Todeskeim. Darum heißt es: „Wer sein Leben erhalten will, wird es verlieren."

Ich drückte dies in einem meiner Meditationsgedichte aus, das ich den „Rhythmus des Lebens" nannte und hier wiedergebe:

Dreifach ist des Lebens Rhythmus:
nehmend,
    gebend,
        selbstvergessen.

Einatmend nehm' ich die Welt in mir auf,
Ausatmend gebe der Welt ich mich hin,
Leergeworden leb' ich mich selbst –
lebe
    entselbstet
        und öffne mich neu.

Einatmend nehm' ich die Welt in mir auf,
Ausatmend gebe der Welt ich mich hin;
Entleert erleb' ich die Fülle,
Entformt erfüll' ich die Form.

Wir würden ersticken, wenn wir versuchen würden, die Luft, die wir eingeatmet haben, zurückzuhalten; ebenso wie wir uns vergiften würden, wenn wir die Nahrung, die wir zu uns nehmen, in uns behalten wollten. Die Notwendigkeit des Empfangens und Annehmens von dem, was uns an sich nicht gehört, sollte uns unsere Abhängigkeit von etwas Größerem, das uns nicht gehört (aber zu dem wir gehören), vor Augen führen und uns bescheiden machen. Denn nur diejenigen, die bescheiden sind, haben wirklich eine Chance, von dem, was sie empfangen, Gebrauch zu machen. Andererseits macht das Aufgeben dessen, was wir empfangen haben, uns selbstlos und stärkt unsere Fähigkeit des Entsagens. Doch sollte Entsagung hier nicht als Askese betrachtet werden, sondern vielmehr als ein Akt des Sichbefreiens von überflüssigem Besitz, Verlangen und Ehrgeiz, durch die wir uns nur unnötig belasten und unser Leben zu einem Gefängnis machen. Echter Verzicht ist darum kein Akt, der von Schmerz und Kummer begleitet ist, sondern etwas tief Befriedigendes, das uns ein Gefühl der Befreiung gibt und uns die gleiche Befriedigung verschafft, wie wir sie in jedem Akt der Ausatmung erfahren.

Es gibt Menschen, die glauben, dass Verzicht unter allen Umständen als eine der höchsten Qualitäten des Menschseins zu betrachten ist – eine Meinung, die von allen weltverachtenden oder über die Welt hinausstrebenden Religionen geteilt wird. Aber weder die Anerkennung der Welt noch der Verzicht sind Werte in sich selbst. Diejenigen, die stolz der Welt entsagen, weil sie nicht gewillt sind, sie mit offenem Herzen, so wie sie ist, zu akzeptieren, gehen den Weg der Selbstvernichtung und den Weg des geistigen Todes, und genauso diejenigen, die nur nehmen wollen, ohne das, was sie der Welt oder ihren Mitwesen schuldig sind, zurückzugeben.

Wenn somit der Vorgang des Atmens richtig verstanden, erlebt und in seiner tief gehenden Bedeutung erkannt wird, könnte er uns mehr lehren als alle Philosophie der Welt. Indem wir diesen Vorgang in das Licht unseres Bewusstseins heben, werden wir nicht nur der grundlegenden Funktionen alles Lebens gewahr, sondern wir haben eine Gelegenheit, zu den formenden Kräften des Unterbewusstseins vorzudringen, so dass die Integrierung aller Eigenschaften des Körpers und des Geistes ermöglicht wird.

So bemerkt Karlfried Graf Dürckheim:

„Die verborgene formative Kraft der Natur kann sich erst dann voll auf die höhere Entwicklung des Menschen auswirken, wenn dieser sich ihres geheimnisvollen Wirkens bewusst wird. Der Mensch reift und vervollständigt sich nur, wenn er sich der großen Gesetze bewusst wird, die auf dem Niveau der unbewussten Natur einfach gelebt werden. Doch ist das eine besondere Form des Bewusstwerdens, denn es handelt sich hier nicht darum, intellektuell oder objektiv sich des Lebensodems und seiner rhythmischen Auswirkung, die sich im Atmungsvorgang manifestiert, bewusst zu werden, sondern um das Gewahrwerden dieses Atems als einer lebendigen Bewegung, in die man selbst ganz mit einbezogen ist, ohne dass man sie festhalten oder sich von ihr abgesondert halten könnte. Dieses *Gewahrsein* des Lebens, das in uns wirkt, ist grundsätzlich verschieden von jedem Beobachten, Feststellen und Begreifen, das von außen herangeht. Denn bei solchem Beobachten und Verstehen steht der Beobachtende und Verstehende getrennt vom Verstandenen und Beobachteten. Aber indem wir *gewahr* werden, wird die Erfahrung eins mit dem Erfahrenden und verwandelt ihn, indem sie ihn ergreift." (*Hara – the Vital Center of Man*, London 1962, S. 158 f.)

Solange wir das Atmen als eine rein physische Funktion betrachten, die darin besteht, unsere Lungen mit Luft zu füllen und sie wieder auszustoßen, nachdem wir den darin enthaltenen Sauerstoff absorbiert haben, sind wir weit entfernt von einem wirklichen Verstehen dessen, was *prana* bedeutet. Der Atem, von dem die alten Texte sprechen, ist mehr als nur Luft oder Sauerstoff: Er ist Ausdruck eines dynamischen Erlebnisses jener vitalen Kraft, die mit jedem Atemzug erweckt wird. Sie beschränkt sich nicht auf das Füllen unserer Lungen, sondern wirkt sich aus in unserem Blutstrom, verwandelt sich in immer feinere Formen von

Energie, die durch das weitverzweigte System unserer Nerven weitergetragen wird und durch unseren ganzen Körper bis hinab in die entferntesten Gliedmaßen läuft, und wir dann fühlen, dass sie selbst in unsere Finger- und Zehenspitzen gelangt ist und so eine neue Art Körperbewusstsein schafft.

Prana ist somit nicht nur dauernder Verwandlung unterworfen, sondern macht von verschiedenen Medien Gebrauch, ohne seinen Lauf zu unterbrechen. Ebenso wie der elektrische Strom durch verschiedenartige Substanzen fließen kann, gleichgültig, ob sie fest, flüssig oder gasförmig sind, und ebenso wie er selbst durch den leeren Raum in Form von Radiowellen sich fortbewegen kann, wenn die Spannung oder Frequenz hoch genug ist – in gleicher Weise kann der Strom psychischer Kraft den Atem, das Blut oder die Nerven als leitende Substanzen benutzen. Zu gleicher Zeit kann er sich auch außerhalb von ihnen bewegen oder wirken, indem er von den Brennpunkten konzentrierter Nervenenergie *(cakras)* ausstrahlen kann, wenn diese genügend angeregt und durch bewusstes Gewahrsein des gesamten psychosomatischen Parallelismus, wie ihn unser physischer Körper darstellt, stimuliert werden.

Dies kann durch die traditionelle Meditationshaltung erreicht werden, in der der Körper nicht nur sein Maximum an Zentriertheit erlangt, sondern auch im völligen Gleichgewicht ist und in seinem eigenen Schwerpunkt ruht, ohne dass er einer äußeren Stütze bedarf. Man denke hier an die bekannten Darstellungen des Buddha im Lotussitz *(padmasana)*, durch den ein geschlossener Stromkreis vitaler und psychischer Energie hergestellt wird. Dieser Strom fließt in zwei interkommunizierenden Kreisen, die durch die oberen und unteren Gliedmaßen gebildet werden und die sich in den zusammengelegten Händen, die ihrerseits auf den nach oben gerichteten Sohlen der Füße ruhen, berühren – d.h. vor dem Plexus solaris oder Nabelzentrum *(manipura-cakra)*.

Die Wichtigkeit dieser Körperhaltung, d.h. dieser Art des Sitzens *(asana)* und der Haltung der Hände *(mudra)* wird ersichtlich, wenn wir die beigefügte Reproduktion eines Meditationsbildes betrachten, das spontan in einer Art Nachzustand eines lebhaften Meditationserlebnisses geschaffen wurde, in dem ein ständig sich erweiterndes Bewusstsein den Körper wie den Raum durchdrang. Dieses Bewusstsein war keineswegs tranceartig, sondern durchaus nüchtern und klar. Das Bild zeigt deutlich die Kraftströme mit einem oberen und unteren Stromkreis. Der obere wird vom Hals und den Armen gebildet, der untere vom Unterleib und den ineinander verschränkten Beinen, während die Hände den Berührungspunkt beider Kreise darstellen, die so zur Figur einer Acht (8) verschmelzen, in der ein end- und anfangloser Kraftstrom kreist.

(Es ist kein Zufall, dass, wenn wir uns die Ziffer 8 liegend vorstellen, daraus das Zeichen der Unendlichkeit wird (∞), die für diesen Stromkreislauf charakteristisch ist.)

Dadurch, dass die Hände, in denen der obere und der untere Kreislauf ineinander übergehen, *vor* dem lebenswichtigen Sonnengeflecht oder Nabelzentrum ruhen, werden sie zu einem Brennpunkt des Meditationsbewusstseins. Von hier strahlen bewusste Kräfte in immer sich weitenden Kreisen oder spiraligen Bewegungen nach allen Seiten, bis der ganze Raum mit Bewusstsein erfüllt und zum bewussten Raum geworden ist. Und da sich diese Bewegung nicht nur horizontal ausdehnt, sondern ebenso nach oben und unten, entsteht der Effekt, dass das, was zuvor als fester Boden erschien, jetzt als leerer Raum empfunden wird – als immateriell, substanzlos und nicht fassbar, wie die Luft, die den Körper umgibt. Das bewirkt ein Gefühl des Schwebens, der Levitation, die Illusion des Fliegens im leeren Raum. Der Meditierende hat alles Gefühl der Schwere verloren, auch alle Gegenstände um ihn scheinen ihrer Materialität beraubt. Sie werden in einer seltsamen Weise wahrgenommen:

nicht einzeln oder nacheinander, sondern *zugleich,* denn an die Stelle des fokalen Bewusstseins tritt ein allgemeines, sich über alles erstreckendes Gewahrsein. Es haftet nicht an den Oberflächen der Dinge, sondern durchdringt sie. So wird der Vorgang des Bewusstwerdens des umgebenden Raumes zu gleicher Zeit eine Verwandlung des Bewusstseins im Raum – also eine schöpferische Entfaltung des bewussten Raumes, die mehr ist als ein bloß intellektuelles oder visuelles Gewahrwerden der Dreidimensionalität. Die Tatsache, dass dies nicht vom Kopf, den wir für gewöhnlich für den Sitze des Bewusstseins halten, ausgeht, sondern von der Nabelregion, in der die Hände ineinander ruhen, zeigt die Wichtigkeit dieses Zentrums im Zusammenhang mit einer anderen Art der Raumerfahrung, die ihre Wurzeln in einer tieferen Region der bewussten oder unbewussten Wahrnehmung als der des Intellektes hat. Eine leise Ahnung hiervon kann uns durch jenes seltsame Gefühl vermittelt werden, das uns im Bereich des Sonnengeflechtes überkommt, wenn wir plötzlich mit dem gähnend leeren Raum am Rande eines Abgrundes konfrontiert werden.

Da unser Körper vom Nabelzentrum in der Embryonalzeit ernährt wurde und von dorther somit wuchs (d.h. sich von dort aus in den Raum ausdehnte), wird es auch verständlich, warum dieses Zentrum als lebenswichtig und grundlegend für den Menschen betrachtet wurde und von gewissen Kulturen geradezu als der Sitz der Seele angesprochen wird. Die Japaner nennen es *Hara* und betrachten dieses Zentrum als den Hauptsitz des Lebens (d.h. eines Lebens, das nicht nur dem Individuum angehört, sondern größer ist als es.) Geradeso wie das Wachstum und die Entfaltung eines Baumwipfels direkt von dem Wurzelsystem des Baumes abhängt, so auch hängt die Entwicklung des menschlichen Geistes von seiner Treue zu seinen Wurzeln ab, d.h. von einem ununterbrochenen Kontakt mit der Ureinheit des Lebens, aus der das menschliche Leben ebenfalls entsteht.

Wenn darum Meditation der Entwicklung des menschlichen Geistes und der Vollendung seiner psychosomatischen Natur dienen soll, muss sie zu den Wurzeln des Lebens hinabsteigen, bevor sie sich zu den Höhen des Geistes erheben kann.

Die Grundlagen der Achtsamkeit

Voll bewusst zu sein in allen Situationen und unter allen Bedingungen des Lebens, das war die Forderung des Buddha, als er davon sprach, dass man achtsam sein solle im Sitzen und Stehen, im Liegen und Gehen. „Vollbewusst" sein heißt aber nicht, dass wir uns nur eines einzelnen Aspekts oder einer einzigen Funktion unseres Körpers oder Geistes bewusst sein sollen, sondern vielmehr, dass wir uns *zugleich* mit unserem ganzen Sein über unser ganzes Sein und Wesen bewusst sind. Diese Art des „Sich-Bewusstseins" umgreift Körper und Geist und etwas, das beide übersteigt: nämlich jene tiefere Wirklichkeit, die der Buddha in dem Wort *Dharma* andeutete und welche er im Zustand der Erleuchtung verwirklichte.

Das wirksamste Mittel, um sich unseres ganzen Wesens bewusst zu werden und um in einem Zustand vollkommener Konzentration und Ruhe – d.h. in geistiger Ausgeglichenheit – zu verharren, ist, wie wir bereits sahen, das Üben der *Anapanasati*. Sie ist die Grundlage aller Meditation, denn durch den Atem kommen wir mit allen unseren physischen und psychischen Eigenschaften in Verbindung. Durch bewusstes Atmen gewinnen wir die Synthese aller unserer Funktionen und erkennen die dynamische Natur und das universale Wesen des Lebens wie auch die Unmöglichkeit der Idee einer getrennten, unveränderlichen Ichheit, so wie dies der Buddha in seiner *Anatman*-Lehre zum Ausdruck gebracht hat. Nur auf dieser Grundlage können die darauf folgenden Schritte der *Satipatthana*-Meditation verstanden und ihr Abgleiten in eine bloß intellektuelle Analyse und Negation aller positiven Lebenswerte verhindert werden.

Es ist charakteristisch und bezeichnend für die negative und voreingenommene Haltung jener, die eine moderne burmesische Satipatthana-Praxis vertreten, dass sie gerade den Teil des ursprünglichen *Satipatthana-sutta* unterdrücken, auf den der Buddha den größten Wert legte. Sie ersetzen ihn durch die oberflächlichste aller Methoden, nämlich durch die Beobachtung des Hebens und Sich-Senkens der Bauchdecke oder des Nabels und lenken auf diese Weise die Aufmerksamkeit des Meditierenden vom wirklichen Erleben des Atemprozesses ab. Wenn man aber so zweifelhafte Methoden benötigt, um die eigene Aufmerksamkeit auf einen Punkt zu richten, dann ist es besser, das Üben ganz aufzugeben und seine Konzentration auf etwas Würdigeres zu lenken – auf etwas, das unser natürliches und spontanes Interesse erregt und das keiner Anstrengung und keines Willenseinsatzes bedarf wie eine derartige Nabelschau, die nur der Stärkung unseres Ichs dient.

Wenn man sich allein auf den sichtbaren Mechanismus der Bewegung und der Funktionen der Muskeln und Glieder konzentriert, d.h. auf die rein materiellen körperlichen Vorgänge, so ist das eine Fixierung unseres Bewusstseins auf die niedrigste Form der Illusion und auf rein intellektuelle Analyse. Sie bringt uns der Wahrheit nicht einen Schritt näher, sondern führt uns in die Irre, weil sie uns glauben lässt, dass wir gewisse Tatsachen isoliert hätten, während wir in Wirklichkeit nur unsere materialistische Interpretation ihnen aufgezwungen haben. Die Irreführung besteht in der Tatsache, dass wir keinen Sinneseindruck isolieren können, da jeder Sinneseindruck bereits ein enorm komplizierter Vorgang ist. Wir können ihn nur bis zu jenem Punkt reduzieren, wo wir seinen augenscheinlichsten Aspekt, durch Unterdrückung aller anderen Faktoren, herausheben. Es ist lächerlich, dies einen Akt „unvoreingenommener Beobachtung oder Wahrnehmung" zu nennen, denn man verfälscht dabei die Wirklichkeit durch den willkürlichen Ausschluss der geistigen Faktoren (nämlich: des *Willens* als der Kraft, die Bewegung verursacht, ferner des *Geistes,* der seine eigenen Aktionen und Reaktionen beobachtet, und schließlich der Bedingungen, welche diese Bewegung ermöglichen: der Kräfte des Universums, die den Hintergrund und die conditio sine qua non aller Phänomene der Materie und der Bewegung, des Bewusstseins und der Willenskräfte, des Lebens und des Todes, des Beharrens und des Fließens bilden).

Die Entstellung von Buddhas *Satipatthana* kann leicht durchschaut werden, wenn man erkennt, wie künstlich gemacht solche Phrasen wie „berühren, berühren, berühren" sind – oder: „anheben, anheben, anheben" etc., durch die jede Bewegung verbalisiert wird, so als ob Anheben, Berühren, Aufsetzen etc. etwas wäre, das von selbst geschieht. Der Buddha war frei von derartigen Selbsttäuschungen, die einem engstirnigen Dogmatismus entstammen. Er hatte keine Angst, das Wort „Ich" oder die erste Person des Singular da zu gebrauchen, wo es nötig war. Er sagte z.B. ganz einfach und natürlich: „Wenn ich lang einatme, weiß ich, dass ich einen langen Atemzug gemacht habe; wenn ich kurz einatme, weiß ich, dass ich einen kurzen Atemzug gemacht habe", oder in ähnlicher Weise, entsprechend der Gegebenheit: „Ich gehe, ich stehe, ich sitze, ich liege" etc.

Die Tatsache, dass alle Bewegungen auf eine zentrale Kraft oder ein individuelles Bewusstsein bezogen sind, bedeutet aber nun nicht, dass diese Kraft ein absolutes, unveränderliches und persönliches Ich ist. Ganz im Gegenteil:

Wer die fundamentale Bedeutung des Atmungsprozesses begriffen hat – in dem sich ein ständiges Geben und Nehmen, Assimilieren und Umformen, ein Sich-Einverleiben und Zurückgeben vollzieht –, der weiß, dass die Essenz individuellen Lebens nicht ein stagnierendes, unveränderliches Ich oder eine in sich selbst bestehende Einheit sein kann (separat von dem Körper, den sie bewohnt, und von der Welt, in der sie lebt), sondern dass es eine lebendige Kraft ist, ein Brennpunkt unendlicher Beziehungen. Der Versuch, die verschiedenen Funktionen voneinander zu trennen und sie so zu betrachten, als ob sie autonome, zu nichts in Beziehung stehende Erscheinungen wären, ist eine grobe Vergewaltigung der Wahrheit und Wirklichkeit. Wenn eine sichtbare Bewegung stattfindet, so liegt deren Wirklichkeit nicht im bewegten Objekt, sondern in der Kraft, die es bewegt.

Wenn ein Stein fällt, so kann keine noch so gründliche Untersuchung der Natur des Steines die Ursache seines Falles erklären. Nur wenn wir die Kraft und das Prinzip der Gravitation begriffen haben, beginnen wir, die universelle Bedeutung dieses einfachen Phänomens zu verstehen.

Indem wir die eine Hälfte der Wirklichkeit unterdrücken, d. h. den bewussten Vorgang unseres Willensaktes, der wunderbarerweise (und welch größeres Wunder könnte es geben als das direkte Einwirken des Geistes auf die Materie!) die Bewegung unserer Glieder verursacht, vergewaltigen wir die Wahrheit und degradieren die Wirklichkeit zu einem mechanischen und völlig sinnlosen Phänomen.

Mit der Frage: „Was ist die Verbindung zwischen dem denkenden Geist, der Befehle gibt, und dem physischen Gehirn, das sie im Körper ausführt; wie kommt das zustande?" berühren wir eines der tiefsten Mysterien des Lebens: die gegenseitige Beziehung von Geist und Materie, die uns verstehen lässt, dass der Körper nicht einfach ein Werkzeug oder Instrument des Geistes ist – verschieden von der Wesensnatur des Geistes und ihm fremd –, sondern dass er *kristallisiertes Bewusstsein* ist, das sich durch Äonen organischer Entwicklung und in Übereinstimmung mit den universellen Gesetzen, die sich in jeder Funktion des Körpers und seiner Organe offenbaren, herausbildete.

Leugnen wir hingegen die spontane Beziehung zwischen Körper und Geist, indem wir den Körper einer zeitverleugnenden Analyse und einer oberflächlichen Verbalisierung unterziehen, so reduzieren wir uns selbst auf einen Zustand künstlicher Verdummung, der, wenn man bis zu einem logischen Ende ginge, zu einem vollständigen Stillstand aller Lebensfunktionen führen würde und schließlich zu einem körperlichen und geistigen Selbstmord mittels Schizophrenie. Denn das, was hier tatsächlich geschieht, ist der Versuch, einen Keil zwischen die Funktionen des Körpers und des Geistes zu treiben, indem wir ihre Einheit zerspalten in einen beobachtenden Intellekt (einen isolierten Teil unseres Oberflächenbewusstseins) und die äußere Auswirkung einer physischen Funktion (die ebenfalls ein isolierter Teil oder ein bloßes Endprodukt eines komplizierten psycho-physischen Prozesses ist, der seine Wurzeln in den tieferen Schichten unseres Bewusstseins hat).

Die Wirkung des Eingreifens unseres analytischen oder intellektuellen Bewusstseins in die spontanen und selbständig wirkenden Funktionen unseres körperlichen Organismus, der durch jahrbillionenlange Übung von der Last bewusster Bemühung befreit ist, wurde in Ogden Nashs bekanntem, humorvollem Gedicht über den Tausendfüßler beschrieben, der im Augenblick, in dem er sich bewusst von der Bewegung seiner Beine Rechenschaft zu geben versucht, nicht mehr weiterzugehen vermag:

Der Tausendfüßler lebte ganz zufrieden,
bis eine Kröte ihn im Spaße fragte:
‚Sag‘, bitte, welches Bein bewegst Du wohl nach welchem?‘

Das wirkte dann in seinem Geiste solchermaßen,
dass er verwirrt in einem Graben liegen blieb,
vor lauter Überlegung nicht mehr wissend,
wie er sich fortbewegen sollte.

Es ist eine Errungenschaft der biologischen Evolution beziehungsweise der über-individuellen Kräfte unseres Tiefenbewusstseins, dass alle Hauptfunktionen unseres Körpers autonom sind und automatisch, d. h. sich selbst regulierend und unbewusst ablaufen, und dass sie – mit Ausnahme des Atems – ohne irgendeine Einmischung des Willens und des Intellekts vor sich gehen (wie z. B. das Schlagen des Herzens, das Zirkulieren des Blutes, der Ablauf nervöser Erregungen sowie die Vorgänge der Dissimilation, Assimilation und Ausscheidung etc.). Ohne diese unbewussten Funktionsabläufe hätten wir nie die Freiheit gewonnen, ein geistiges Leben zu entwickeln, das weit über die Grenzen des rein Körperlichen hinausgeht – über die physischen Notwendigkeiten und egozentrischen Wünsche und über die Enge momentaner Situationen und Bedingtheiten. Denn wenn wir eine bewusste Anstrengung machen müssten, um das Herz schlagen zu lassen oder um die Funktion des Atmens aufrecht zu erhalten, so würde unsere ganze Aufmerksamkeit darauf sich richten müssen, uns am Leben zu erhalten. Unter diesen Bedingungen aber würde weder Zeit noch Gelegenheit sein, unseren Geist in irgendeiner anderen Richtung zu betätigen; und überwältigte uns der Schlaf, so würde das den sicheren Tod für uns bedeuten.

Wie wir andeuteten, gibt es nur eine vitale Funktion, die trotz ihrer Unabhängigkeit von unserem Wachbewusstsein und trotz ihres sich selbst regulierenden und autonomen, unterbewussten Charakters in eine bewusste Funktion verwandelt werden kann, die dann auch unserem Willen unterworfen ist. Dies ist der Atem, der infolge seiner Doppelnatur zum Vermittler zwischen Geist und Körper gemacht werden kann und damit zum Mittel unserer bewussten Teilnahme an der lebenswichtigsten und universellsten Funktion unseres Körpers. Wenn wir jedoch unseren Willen dieser Funktion aufzwingen wollen, ohne dass wir ein tieferes Wissen von ihren Gesetzen und ihren weit reichenden Wirkungen haben, sind wir in Gefahr, ihren natürlichen Rhythmus zu stören und unserer Gesundheit ernstlich Schaden zuzufügen. Wenn wir aber versuchen, mit ihr bewusst in Einklang zu bleiben, ohne Einmischung unseres Willens, indem wir sie bloß mit unserem Bewusstsein und unserer ungeteilten Aufmerksamkeit *(sati)* erfüllen, dann wird nicht nur die Funktion des Atmens zu einem geistigen Erlebnis erhoben, sondern der ganze Körper wird bewusst durchdrungen und als Ganzes erlebt, so dass er zu einem Instrument des Geistes wird.

Anstatt also zu analysieren und zu sezieren oder bloß unser Bewusstsein auf die äußerlichen Bewegungen und sekundären Funktionen des Körpers zu richten, werden wir wieder vollkommen (ganz) durch die Einswerdung von Körper und Geist, wobei jede einzelne Funktion ihre Bedeutung aus der Beziehung zum Ganzen bekommt. Denn das bloße Beobachten unwesentlicher Funktionen (isoliert von ihrem weit gesteckten Hintergrund und ihren wesentlichen Beziehungen) ist sinnlos. Eine isolierte Erfahrung oder eine isolierte Tatsache oder ein Wissensfragment, das aus einem Zusammenhang gerissen ist, hat keinen Wert, es sei denn, dass wir es in richtiger Perspektive sehen und in Beziehung zu anderen Informationen. Die Fähigkeit der Koordination ist wichtiger als die Fähigkeit, Teilstücke von Erfahrungen oder angelernte Wahrheiten im Gedächtnis anzuhäufen. Gewahrwerden, Erinnerung und Koordination sind die drei wesentlichen Bestandteile des Geistes. „Reine Wahrnehmung" ist in 99 von 100 Fällen reiner Unsinn, denn wir können nicht etwas wahrnehmen ohne Bezugnahme auf eine frühere Erfahrung, die im Gedächtnis aufbewahrt worden ist. Nur durch Bezugnahme auf frühere Erfahrungen und Koordination ihrer Inhalte und Resultate kann Gewahrwerden irgendeinen geistigen Wert haben.

Sati stellt nicht nur die Qualität des Gewahrwerdens, der Aufmerksamkeit, der Einsicht und des denkenden Betrachtens dar, sondern auch die Fähigkeit des Sich-Erinnerns. Die Sanskritwurzel *smr* hat die Bedeutung des Sich-Erinnerns bzw. des Denkens an etwas. Somit kann die Idee der „reinen" oder „baren Wahrnehmung", welche die burmanesische Schule zur Basis ihrer Meditation machen will, nicht als ein Kennzeichen der Satipatthana-Übung aufgefasst werden.

Darüber hinaus fehlt der burmesischen Methode das zentrale Element aller Meditation, nämlich die Begeisterung oder besser noch Inspiration (p. *piti*). Diese ist das freudeerfüllte, vorantreibende Element, das der zentrale Faktor jeder Meditation ist. Die burmesische Meditation ist dagegen eine wahre „tour de force", in der der Meditierende rigoros alle natürlichen Impulse mit seiner ganzen Willenskraft unterdrückt. Konzentration sollte jedoch durch eine Haltung erreicht werden, die ganz natürlich alles auf einen Punkt sammelt und die so ein Zusammenwirken mit all den anderen Kräften der menschlichen Psyche erzielt. Eine Konzentration, die durch die Unterdrückung eben dieser Elemente erzwungen wird, ist der Verkrüppelung oder Verstümmelung eines Organismus zu vergleichen, um ihn dann mit dem Zwang brutaler Kraft gefügig zu machen.

Indem wir die Funktion des Gehens in verschiedene Phasen zerlegen, zerstören wir nicht nur die Einheit der Bewegung und ersetzen sie durch eine künstliche Aufteilung, die das Gehen nur zu einer Folter macht, ohne dass wir dadurch auch nur einen Schritt dem Verständnis unserer oder der Natur der Bewegung näher kämen. Ein solches Vorgehen ist die Antithese der Spontaneität – ist Verneinung all dessen, was die Meister des Zen als die höchste

Vervollkommnung des Geistes betrachten: die Intuition. Es stellt den Sieg des engstirnigen Intellekts über die befreienden Kräfte des vereinigenden, intuitiven Geistes dar.

Jeder, der auch nur die geringste Kenntnis von Meditation hat, weiß, dass Unterdrückung weder ein Weg zu den Mysterien des Geistes ist noch zu denen des Körpers, der Gefühle und Emotionen. Was den Geist zu einer Einheit macht und ihn am Umherirren hindert, ist jene Begeisterung der *Inspiration*, die wir in der Stille der Natur, am Fuße eines Baumes, in einer einsamen Klause, in einem stillen Zimmer unseres Herzens finden können – eine Inspiration, die die spontane Bewegung vom Geringeren zum Größeren, vom Niederen zum Höheren ist und die keine Spur von Macht oder Gewalt enthält. Sie ist weitaus mehr als die bloße Neugier eines Gehirns, das ein wissenschaftliches Experiment macht, um den Mechanismus von Körper und Geist zu erforschen.

Die grundlegenden Prinzipien der Meditation

Inspiration ist das Herz und die zentrale Kraft der Meditation. Da aber Inspiration eine spontane Eigenschaft ist (die auch mit »Entzückung« wiedergegeben wird), kann sie nicht erschaffen oder herbeibefohlen werden, sondern nur dadurch hervorgerufen werden, dass etwas unser Interesse oder unsere Bewunderung erregt.

Doch um auf diese Art inspiriert werden zu können, müssen wir zunächst den Grund dadurch vorbereiten, dass wir eine entsprechende geistige Haltung und Empfangsbereitschaft schaffen, für die zwei Dinge Voraussetzung sind: einerseits Entspannung, Ruhe, Harmonie, Frieden und andererseits etwas, das unserem Geiste Richtung und Konzentration gibt, d.h. entweder ein denkerisches oder geistiges Problem oder ein sichtbares Meditationsobjekt, das attraktiv genug ist, um die Aufmerksamkeit des Meditierenden auf sich zu ziehen.

Die Schönheit der Natur oder die eines Gedichtes, ein ergreifendes Gebet oder eine religiöse Kantate, die Erinnerung oder das Bild einer charismatischen Persönlichkeit oder eines Erleuchteten, dessen Fußstapfen man zu folgen wünscht: alle diese sind zur Meditation geeignet. Andere gute Vorbereitungsmittel sind Musik, Weihrauch, Blumen und Licht oder die rituelle Darbringung von Opfergaben in einem Tempel oder an geweihter Stätte (so befand sich ein Schrein früher in jedem tibetischen Heim, und noch heute findet man ihn in den meisten Wohnstätten frommer indischer Hindus und Buddhisten). Mit anderen Worten: Die Elemente der Schönheit und Hingabe sind die stärksten Stützen der Meditation. Vereint finden wir beide Elemente in den tibetischen Thangkas (Rollbildern, auf denen religiöse Themen in traditioneller Weise dargestellt sind), was die einzigartige Faszination, die diese Dinge auf den modernen Geist ausüben, erklärt und besonders diejenigen anzieht, die an Meditation und geistigen Werten interessiert sind. Für Menschen von devotionalem Temperament wird das Gebet zum Eingangstor zur Meditation, denn Gebet ist im tiefsten Sinne „eine Richtung des Herzens", und damit ist es auch eine der Meditationsformen. Und so wird, was immer wir lieben, zu einem leicht befolgbaren Meditationsobjekt, weil es keine Anstrengung erfordert, sondern der natürlichen Neigung des Herzens und des Geistes folgt.

Jedoch können selbst intellektuelle Studien, das Verfolgen von Ideen, Problemen oder Phänomenen unseres Alltagslebens zu einem Ausgangspunkt unserer Meditation werden, obwohl dabei immer die Gefahr besteht, dass wir in diesen intellektuellen oder rein weltlichen Betrachtungen stecken bleiben und uns mit rationalen Lösungen begnügen, anstatt das Niveau direkten Erlebens zu erreichen, auf dem sich die Probleme auflösen. Dennoch ist die Fähigkeit des Denkens in den Anfangsstadien der Meditation ebenso wichtig wie irgendeiner der anderen Faktoren, die im Vorgang der Meditation eine Rolle spielen. Dies kommt klar zum Ausdruck in der ältesten buddhistischen Definition der Meditation und ihrer Darlegung der ersten zwei Faktoren: der ursprüngliche Gedanke, der unseren Geist bewegt (*vitarka*), und der aufrechterhaltene oder weiterverfolgte Gedanke (*vicara*), kurz gesagt: jener beiden Aspekte diskursiven Denkens – des Denkens und Reflektierens. Denn diese beiden sind es, die unserem Bewusstsein – dessen Strom ewig wechselnder Gedanken, Gefühle, Eindrücke und Vorstellungen nicht aufgehalten werden kann – Richtung, Zusammenhalt und Konzentration geben; wodurch wir in der Lage sind, ihn zu kanalisieren, einzudämmen und zu lenken, indem wir auf diese Weise starke Anreize geben beziehungsweise einen Sammelpunkt des Interesses schaffen. *Long-chen-pa*, einer der angesehensten geistigen Lehrer der tibetischen Nyingma-Sekte, der im vierzehnten Jahrhundert lebte und als einer der großen Meditationsmeister bekannt ist, schrieb in einem seiner Werke unter dem Titel *Die natürliche Freiheit des Geistes*:

„Ach, jene Leute, die zu meditieren vorgeben, jedoch alle Gedanken unterdrücken, sind stolz auf ihren begrifflosen Zustand, den sie als ‚Gegenwartsbewusstsein' bezeichnen. Und da sie auf diese Weise dumm wie das Vieh sind, werden sie auch zu Tieren, indem sie sich an diesen Zustand gewöhnen.

Aber selbst wenn sie das nicht werden, so haben sie keine Chance, sich vom Samsara zu befreien, selbst wenn sie über die formlose Sphäre ‚meditieren'. Je aufgeblasener sie daher werden, desto mehr werden sie vom Dämon ihres eigenen Systems besessen."

(*Crystal Mirror* IV, Berkeley, 1976, S. 123)

Nach der Psychologie der Scholastik der frühen Schulen zerstört das Denken Trägheit und Müdigkeit; reflexives oder anhaltendes Denken räumt den Zweifel fort, indem es Klarheit schafft; inspiratorische Freude oder Begeisterung verhindert Hass, während Glückseligkeit Rastlosigkeit aufhebt.

Der Buddhismus hat nie das Denken verworfen, andererseits ist er nie zu dem Fehlschluss gekommen, dass begriffliches Denken und Logik metaphysische oder geistige Probleme zu lösen imstande seien. Klares Denken ist eine gute Grundlage, von der wir ausgehen können, aber es ist nicht an sich das Ziel. Es ist nur gültig innerhalb seiner Grenzen, innerhalb dessen, was die Sprache auszudrücken vermag. Aber bevor wir unserer Intuition trauen können, bevor wir imstande sind, zwischen wirklicher Intuition und bloßem Wunschdenken zu unterscheiden, und solange wir augenblickliche Gefühle für Intuition halten, müssen wir unseren Verstand und unsere Fähigkeit zu denken gebrauchen.

Der Buddha bestand von jeher auf Klarheit – nicht nur auf Klarheit des Denkens, sondern auf Klarheit des inneren Schauens. Letztere ist ganz besonders in tantrischen Schaubildern (Sadhanas) und Thangkas ersichtlich, in denen jede Einzelheit klar definiert und wie in einem surrealistischen Bild in aller Deutlichkeit dargestellt und mit fast übernatürlicher Schärfe umrissen ist. Man kann daher sagen, dass die buddhistische Mystik sich in einem überhöhten Sinn für die Wirklichkeit sichtbarer und unsichtbarer Dinge manifestiert. Denken und Sinnen sind somit nur der Anfang der Meditation, und sie führen zu einem intuitiven Zustand des Bewusstseins, in dem die Vorgänge des Denkens und Reflektierens zu ihrem Ende kommen und eine andere, tiefere Art des Schauens oder der direkten Erfahrung eintritt, die nun die Führung übernimmt.

Der erste Schritt in dieser Richtung ist das Erlebnis des unendlichen Raumes, in der das Bewusstseins seine Grenzen verliert, was zur Unendlichkeit des Bewusstseins führt. Dieses Erlebnis grenzenloser Ausdehnung und Freiheit führt zur Verwirklichung der Shunyata, die in den früheren Pali-Texten als die Sphäre der Nichtsheit beschrieben wird. Jenseits hiervon können keine Worte die wirkliche Erfahrung oder das Erlebnis des Meditierenden beschreiben, es wird nur gesagt, dass er den Bereich der äußersten Grenze der Wahrnehmung oder den Zustand von „Weder-Wahrnehmung-noch-Nicht-Wahrnehmung" erreicht hat; denn alle Unterscheidung zwischen dem Erlebenden und dem erlebten Objekt ist aufgehoben, Objekt und Subjekt sind eins geworden – die vollkommene Einswerdung (Samadhi) ist erreicht.

Traditionell können die verschiedenen Stadien des Meditationsvorganges folgendermaßen definiert werden: Am Anfang sind Denken, Reflexion, Glückseligkeit und Konzentration (Einsgerichtetsein) gegenwärtig. Auf der zweiten Stufe verschwindet der anfängliche Gedanke; im dritten Stadium hört der diskursive Denkvorgang auf, so dass nur ein Gefühl der Inspiration, des Glücklichseins und der Konzentration besteht; auf der vierten Stufe bleiben nur ein Glücksgefühl und Konzentration, und auf der fünften besteht nur noch das Erlebnis der Einheit oder Einswerdung, deren Segen über alle Worte geht. Der Konzentrationsprozess kann in Form eines ständig sich verjüngenden Dreiecks dargestellt werden, das durch die ständig weniger werdenden Faktoren des Meditationsbewusstseins gebildet wird:

vitarka-vicara-priti-sukha-ekagrata
vicara-priti-sukha-ekagrata
priti-sukha-ekagrata
sukha-ekagrata
ekagrata

Denken, Reflexion, Inspiration, Glückseligkeit, Einsgerichtetsein
Reflexion, Inspiration, Glückseligkeit, Einsgerichtetsein
Inspiration, Glückseligkeit, Einsgerichtetsein
Glückseligkeit, Einsgerichtetsein
Einsgerichtetsein*

Wie wir aus dieser systematischen Darstellung der fünf Stufen der Versenkung sehen können, wird kein Versuch unternommen, irgendwelche Inhalte zu beschreiben. Diese Stadien bilden nur den allgemeinen Rahmen, in den jedes meditative Objekt eingefügt werden kann, gleichgültig, ob es sich um einen diskursiven Gedanken oder ein Schaubild handelt.

Die erste dieser zwei Möglichkeiten wurde in der Hauptsache von den Hinayana-Schulen vorgezogen – mit Ausnahme der Kasina-Übungen, d.h. Meditationen über „hypnotische Kreise": Diese waren ursprünglich die bekannten Bewusstseinszentren *(cakras)* und die ihnen entsprechenden Farben und Elemente (Erde, Wasser, Feuer, Luft, Äther), die dem alten System des *Cakra-Yoga* entlehnt wurden. Diese tatsächliche Bedeutung der *Kasina* war aber in der Zeit, in der diese Übungen von den Theravadins übernommen wurden, lange in Vergessenheit geraten.

Die Praxis der Schaubildentfaltung wurde hauptsächlich von den Schulen des Mahayana und besonders von denen des tantrischen Buddhismus ausgeübt.

In Übereinstimmung mit dieser Neigung wurde der Pali-Ausdruck *jhana,* der gewöhnlich mit „Versenkung" und manchmal ganz falsch mit „Trance" oder „Ekstase" übersetzt wird (obwohl „Instase" ein angemessener Ausdruck gewesen wäre), in seinem Sanskrit-Äquivalent *dhyana* sowohl als „Schauung" wie auch als nicht-verbale, intuitive Erfahrung verstanden und nicht als eine intellektuelle Abstraktion.

---

* Deutsche Übersetzung des Herausgebers.

Der Buddha selbst sagte, dass seine Lehre „tief, tiefgründig" sei, jenseits aller Spekulation und allen Wortdenkens, nur den Weisen verständlich. Denn der einzige Weg, um uns von der Tyrannei der Worte und Begriffe zu befreien, ist die imaginative Methode der Schaubildentfaltung oder des Ersetzens unserer einseitigen Logik durch das vieldimensionale Symbol. Selbst eine so strenge und exakte Wissenschaft wie die Mathematik hat eine Sprache multidimensionaler Symbole und Strukturformeln entwickelt, in der die Position jedes Zeichens und Symbols im Gesamtgefüge einer Formel die Bedeutung und den Wert jedes einzelnen Zeichens bestimmt. Die meditative Erfahrung des Buddhismus entwickelte ein ähnlich kompliziertes System sichtbarer Symbole, die auf archetypische Formen oder Vorstellungsbilder zurückgehen, die sich im Laufe der Jahrtausende in der Tiefe des menschlichen Bewusstseins entwickelten und die in weiteren Jahrtausenden meditativer Praxis ihre Wirksamkeit bewiesen.

Die besondere Bedeutung der Inspiration ist nicht nur augenfällig aufgrund ihrer zentralen Position innerhalb der fünf Faktoren der Meditation, sondern auch aufgrund einer ähnlichen Position in der Reihe der sieben Glieder der Erleuchtung, die durch sie in zwei Gruppen geteilt wird. Dabei enthält die erste Gruppe drei aktive Faktoren, während die zweite die drei entsprechenden passiven Faktoren enthält:

1. *smrti* – Wahrnehmung, Erinnerung, Aufmerksamkeit, Vergegenwärtigung
2. *dharmavicaya* – Unterscheidung, was dharma ist und was nicht
3. *virya* – Bemühen, Energie, Anstrengung, heldischer Einsatz
4. *priti* – Inspiration, Entzücken, Begeisterung
5. *prashrabdhi* – Ruhe, Serenität

6. *samadhi* – Einswerdung
7. *upeksha* – geistiges Gleichgewicht, Ausgeglichenheit, Gleichmut.

So wird Gewahrwerden durch Gleichmut,
Unterscheidung durch Einswerdung,
Bemühung durch Ruhe ausgeglichen;
Inspiration dagegen wahrt die Mitte.

Für all jene, die *Samadhi* als Endziel oder als höchste Form meditativer Verwirklichung betrachten, ist es sicher eine Überraschung, dass *Upeksha* den Schluss der Reihe der Erleuchtungsfaktoren bildet. Der Grund hierfür ist, dass – obwohl *Samadhi* in gewissem Sinne der Höhepunkt meditativer Praxis ist – wir selber aber nicht dauernd in diesem Erlebniszustand verharren können (was einer Stagnation gleichkäme), sondern vielmehr in die Welt zurückkehren müssen, zu den Beschäftigungen eines normalen menschlichen Lebens. Und hier im Alltagsleben wird das auf die Probe gestellt, was wir in *Samadhi* erreichten. Denn wenn ein solches Erleben nicht auf das Alltagsleben ausstrahlt und sich durch Herstellung eines ausgeglichenen, gleichmütigen Geistes bewährt, so war es nicht echt und ist nutzlos. Während *Samadhi* den Höhepunkt unseres Erlebens darstellt, ist *Upeksha* der Gleichmut, d. h. jenes innere geistige Gleichgewicht, jene innere Ausgeglichenheit (die *nicht* mit *Gleichgültigkeit* verwechselt werden darf), die uns unser ganzes Leben begleitende Auswirkung dieser uns wandelnden und verwandelnden Einswerdung.

In ähnlicher Weise wird Konzentration vielfach geradezu als ein Synonym für Meditation betrachtet. Aber ein Zustand intensiver Konzentration ist nicht notwendigerweise Meditation; nur in den allerseltensten Fällen trifft das zu. Ein Bankbeamter, der sich über seine Zahlen beugt, oder ein Astronaut, der sich auf sein Schaltbrett konzentriert, meditiert bestimmt nicht. Der Unterschied besteht darin, dass Meditation uns ein gewisses Maß an Freiheit in der Bewegung auf unser Ziel lässt. Diese Freiheit kann als eine konzentrische Bewegung um das Meditationsobjekt beschrieben werden, die in einem gewissen Gegensatz zu jener pfeilartigen, geradlinigen Annäherung an das Objekt unserer Betrachtung steht, die dem einseitigen Gesichtspunkt westlicher Perspektive und Logik entspricht. Statt also den Gegenstand unserer Meditation nur von einer Seite, nämlich von unserem persönlichen Standpunkt aus zu betrachten, gehen wir meditativ in immer enger werdenden Kreisen um das Objekt unserer Betrachtung herum, um es von allen Seiten zu sehen und zu erfahren, bis wir mit ihm völlig eins werden. Dies geschieht im Erlebniszustand des *Samadhi*, der über alles Wortdenken hinausgeht.

Somit ist Konzentration, obwohl sie ein wichtiger Faktor der Meditation ist, nicht identisch mit Meditation, sondern nur eine der Vorbedingungen, die störende Einflüsse und Ablenkungen verhindern. Aber auch hier müssen wir vorsichtig sein, damit wir nicht unsere Aufmerksamkeit bzw. unseren Ausblick derart extrem einengen, dass wir unser Meditationsobjekt völlig loslösen von allen seinen möglichen Beziehungen zu anderen Dingen und zu seinem allgemeinen Hintergrund.

Die Bedeutung der Hingabe in Meditation und Gebet

Jede Religion erkennt einen höchsten Wert an, ein *summum bonum*; die theistischen Religionen nennen es Gott, die nichttheistischen Tao, Nirvana, Sammasambodhi (den Zustand der völligen Erleuchtung) etc. ... Wenn man das Gebet in den theistischen Religionen als eine Kommunion, ein Zwiegespräch mit Gott definiert hat, so würde für die nichttheistischen Religionen das Gebet als ein Zustand intensiven Verlangens nach dem höchsten Zustand der Vollkommenheit oder der Verwirklichung des höchsten Ideales oder vollkommenen Erleuchtung definiert werden können.

Gebet im weitesten Sinne ist eine „Richtung des Herzens" und setzt somit eine geistige Polarität voraus: entweder zwischen Mensch und Gott oder zwischen dem Endlichen und dem Unendlichen, dem Individuellen und dem Universellen, dem Unvollkommenen und dem Vollkommenen usw. Im Christentum, im Judentum und im Islam wird der individuelle, menschliche Pol als Seele dargestellt, der göttliche als Schöpfer, im Hinduismus als Jivatman und Brahman, im Buddhismus als das begrenzte mundane Selbstbewusstsein und das in jedem Wesen latente universelle Bewusstsein, das in seiner Ganzheit im Zustand der Erleuchtung erlebt und verwirklicht wird.

Das Gebet entsteht somit aus einem Zustand der Spannung zwischen Menschlichem und Göttlichem, dem Bewusstsein der Unvollkommenheit (oder Unvollständigkeit) und dem Ideal der Vollkommenheit (oder Ganzheit), dem gegenwärtigen Zustand der Täuschung, der Unwissenheit, des Nichterkennens der Wirklichkeit und dem zukünftigen Zustand der Täuschungsfreiheit, des Erwachens aus der Illusion der Vereinzelung zur Ganzheit des Lebens.

Was uns hier als „Zukunft" erscheint, ist jedoch das Immer-Daseiende, stets Gegenwärtige in jenem allumfassenden Tiefenbewusstsein (sk. *alayavijnana*), das die moderne Psychologie zum „Unbewussten" degradiert und somit zum Feind aller Vernunft, zur dunklen Quelle unkontrollierter Triebe abgestempelt hat, um sich um so mehr dem begrenzten Oberflächenbewusstsein seines Intellektes zu verschreiben, das sich in den flüchtigen Interessen seiner momentanen Existenz erschöpft und so den Zusammenhang mit der lebendigen Tiefe, dem Quell aller göttlichen Kräfte, verliert.

Einige Anmerkungen hierzu:

„Die heutige psychologische Terminologie, welche das ‚Unbewusste' im Gegensatz zum Bewussten postuliert, macht sich dadurch einer Verfälschung der grundlegenden psychosomatischen Tatsachen schuldig. Diese Terminologie und die folglich falsch strukturierten Phänomene sind ein typisches Beispiel für die falschen Schlüsse, die durch einen radikal praktizierten Dualismus entstehen."

(Jean Gebser in *Ursprung und Gegenwart*,
Stuttgart 1949, Band I, S. 327)

„Das moderne Denken leidet unter dem Vorurteil, dass das Bewusstsein ein rein oberflächlicher Auswuchs der Wirklichkeit sei und dass, je grundlegender die Energie, das Prinzip oder die Substanz wird, sie um so blinder und unbewusster sein muss."

(Alan W. Watts in *The Supreme Identity*,
New York 1957, S. 56)

„Aus der Sicht Freuds ist das Unbewusste wesentlich der Sitz des Irrationalen. Im Denken Jungs erscheint diese Meinung meist umgekehrt; das Unbewusste ist essentiell der Sitz der tiefsten Weisheitsquellen, während das Bewusste der intellektuelle Teil der Persönlichkeit ist."

(Erich Fromm in *Zen Buddhism and Psychoanalysis*,
New York 1960, S. 96)

Das Gebet ist jener Zustand, in dem wir uns zurückwenden zu jener Quelle, in dem wir die Verbindung zwischen dem individuellen und fokalisierten Oberflächenbewusstsein und dem universellen Bewusstsein der Tiefe wieder herstellen, so dass die Spannung zwischen Oberfläche und Tiefe, wie die Spannung einer Saite, einen reinen Ton hervorbringt, eine höhere Schwingung des Geistes. Wenn das

Gebet somit aus einem Zustand der inneren Spannung geboren wurde, so führt es nicht zur Entspannung, wohl aber zu einer Harmonisierung, zu einem sinnvollen Zusammenwirken zweier scheinbar auseinander strebender, aber dennoch zusammengehöriger Pole. So kommt es, dass das Gebet zu einer Quelle der Kraft und der Zuversicht wird und nicht zu einem bloßen Beruhigungsmittel. Der innere Frieden aber, der uns durch das Gebet zuteil wird, entsteht durch das Herstellen eines Gleichgewichts zwischen den Kräften unseres individuellen Bewusstseins und den unermesslichen Potenzen unseres Tiefenbewusstseins, in dem die Erfahrungen einer anfanglosen Vergangenheit aufbewahrt sind und durch die wir an jenem größeren Leben teilnehmen, das das ganze Universum umschließt und es mit allen lebenden Wesen verbindet.

Das Gebet – und in einem weit höheren Maße noch die Meditation (deren erster Schritt das Gebet nur ist) – ist das *bewusste zielstrebige* Sich-Annähern an jenen unermesslichen Erfahrungsspeicher, den die moderne Psychologie bloß hinsichtlich seiner als passiv angenommenen, funktionellen Auswirkungen auf den unbewussten Anteil unseres Geistes beobachtet (wie z.B. in Träumen oder archetypischen Symbolen), so als würde dieser nur von unwiderstehlichen Kräften getrieben.

So schreibt Edmund W. Sinnot in *The Biology of Spirit:*

„Die tägliche Erfahrung verweist die Vorstellung, dass wir der Spielball derartiger innerer Antriebe sind, in den Bereich des Unrealen und Gekünstelten. Man muss sich fragen, welchen Sinn solche Vorstellung für Menschen haben könnte, deren Leben dem Streben nach Wissen oder der Erschaffung von Schönem oder dem Dienste an ihren Mitmenschen geweiht ist? Welchen Platz hätte da wohl noch Hingabe und Opfer und das endlose Streben nach Wahrheit und menschlicher Veredlung, die von jeher den besseren

Teil des Menschen ausmachten? So wie es scheint, werden die Menschen doch nicht auf die feineren Dinge gestoßen, sondern folgen vielmehr dem unmittelbaren Angesprochensein von etwas, das sie dann durch Ungemach und Ungewissheit und Entmutigung hindurch zur Verwirklichung eines großen Verlangens zieht. [...] Diese Annahme hat – gegenüber der gegenwärtigen psychologischen Orthodoxie – den Vorteil, dass ihre Einstellung vorwärts gerichtet ist – hin auf ein Ziel, das ereicht werden soll, und nicht rückwärtsorientiert ist auf Anstöße und Antriebe, die durch irgendwelche äußeren Umstände ausgelöst wurden. Dadurch aber stimmt diese Haltung mit dem allgemeinen Urteil unserer Erfahrung harmonisch überein" (S. 88, 90).

Das Gebet, da es eine „gerichtete Führung des Herzens" ist (d.h. jenes inneren Zentrums des Menschen, das gleicherweise teilhat an seinem individuellen Bewusstsein wie an seinem überindividuellen Tiefenbewusstsein und damit an seinen Intuitionen), ist eine positive und aktive Annäherung an den verborgenen Schatz universeller Erfahrung. Doch ergreift es nicht blind Besitz von Erfahrungsinhalten, die irgendwann möglicherweise einmal aufwallen, die aber keinen Zusammenhang mit seinem intuitiv erfassten Ziel haben, vergleichbar etwa einem Menschen, der ohne Licht in den dunklen Speicherraum des Kellers seines Hauses hinabsteigt und der nun ziellos das ergreifen würde, was in seine Hände kommt.

Das Gebet ist tatsächlich die Lampe, die uns befähigt, in der Weite des Schatzhauses jene bestimmten Gegenstände zu entdecken, die erforderlich oder wesentlich sind auf unserem Wege zur Vollkommenheit. Statt fragmentarisch aufblitzende Inhalte des Tiefenbewusstseins an das grelle Licht des Intellekts zu ziehen und sie einer tödlichen Analyse zu unterziehen, richtet das Gebet unser Bewusstsein nach innen und verwandelt die *potentiellen* Kräfte der

Tiefe in *aktive* Kräfte, denn „indem man das Unbewusste bewusst macht, transformiert man die bloße Idee der Universalität des Menschen in die lebendige Erfahrung dieser Universalität" (Fromm). Mit anderen Worten: statt die archetypischen Symbole und die Bilder der Tiefe an die Oberfläche zu heben und sie dem diskursiven Denken und den Trivialitäten zeitlicher Ziele und Zwecke zu unterwerfen, sollte der Brennpunkt unseres individualisierten Geistes sich nach innen wenden, um sich seiner universellen Quelle bewusst zu werden, und Gebrauch machen von seinen unermesslichen Möglichkeiten im Bemühen um Ganzwerdung und vollkommene Erleuchtung.

Das Gebet würde aber – als Mittel, um dieses Ziel zu erreichen – seinen Zweck verfehlen, wenn es Ausdruck egoistischer, auf uns selbst bezogener Wünsche wäre oder wenn es sich ausschließlich um unser eigenes Wohl und Wehe drehen würde. Der Buddhist glaubt weder an ein für sich getrennt existierendes Ich (oder an eine unwandelbare, individuelle Seelenmonade, die „gerettet" und für alle Ewigkeit erhalten werden müsse), noch betrachtet er den Buddha als einen Gott, der ihm seine Wünsche erfüllt. Der Buddha ist vielmehr für ihn das Vorbild des ganzgewordenen oder vollkommenen Menschen, der sich seiner Universalität bewusst wurde und das Göttliche in sich verwirklichte, wodurch er anderen zur Leuchte geworden ist. Wenn sich der Buddhist daher vor der Statue des Buddha verneigt, so bittet er ihn weder um etwas, noch betet er ihn an, sondern er erweist ihm die gleiche Ehrfurcht auf gleiche Weise wie seinem gegenwärtigen geistigen Lehrer, in dessen Fußstapfen er geht, um sich dessen Lehren zu einer lebendigen Wirklichkeit zu machen. Die Formel, die er während des Aktes der Verehrung vor dem Bilde oder der Statue oder irgendeinem anderen Symbol des Erleuchteten (wie z.B. einem Stupa, einem Reliquar, dem Gesetzesrad, dem Bodhibaum etc.) spricht, besteht in den Worten:

„Ich nehme meine Zuflucht zum Erleuchteten.
Ich nehme meine Zuflucht zu seiner Lehre (dem von
allen Erleuchteten verkündeten universellen Gesetz).
Ich nehme meine Zuflucht zur Gemeinschaft der Heiligen (all jener, die die Lehre verwirklichten)."

In Tibet wird dieser Formel der Satz vorangestellt: „Ich
nehme meine Zuflucht zum Lehrer", denn er ist der
lebende Repräsentant und Verkünder des Buddha – der
Übermittler und die Verkörperung des Dharma, der die
Flamme des Vertrauens im Jünger entzündet und ihn dazu
inspiriert, den Fußstapfen jener zu folgen, die die Lehre verwirklicht haben und die so wahre Mitglieder der Gemeinschaft, des Sangha, wurden.

Die erste Stufe der Andacht und des Gebetes im Buddhismus ist daher der Ausdruck der Ehrfurcht, Loyalität
und der Dankbarkeit dem Lehrer – dem lebenden Lehrer
wie dem Buddha – gegenüber. Und so wie die Person des
Lehrers als ein Glied in der ununterbrochenen Kette geistiger Übertragung der Lehre Buddha Shakyamunis zu verstehen ist, ebenso ist der Buddha Shakyamuni selbst nur ein
Glied in der unendlichen Kette der Erleuchteten, welche die
heilige Lehre von Generation zu Generation durch die Jahrtausende weitergaben und lebendig erhielten; gleicherweise
umschließt der Begriff „Buddha" die Gesamtheit aller Erleuchteten, die ihm vorausgegangen sind, die ihm folgten
und folgen werden.

Die historische Persönlichkeit des Gautama Shakyamuni
Buddha tritt somit (besonders im Mahayana-Buddhismus
der nördlichen Schulen) hinter der universellen Gestalt des
Vollkommen Erleuchteten, des ganzgewordenen, zu voller
Bewusstheit seiner göttlichen Natur erwachten Menschen
zurück. Statt einen jenseits aller Begreiflichkeit oder Vor-
stellbarkeit thronenden Gott anzubeten, bemüht sich der
Buddhist um die Verwirklichung des Göttlichen im eigenen

Herzen, im eigenen Denken und im eigenen Leben, wie ihm dies durch unzählige Heilige und Erleuchtete vorgelebt wurde.

Der Gedanke, dass ein Gott die Welt mit all ihren Übeln, ihrem Leid, ihrer Unvollkommenheit, ihrer Stumpfheit und Grausamkeit geschaffen haben sollte, erscheint ihm wie eine Blasphemie der Idee des Göttlichen als Verkörperung des Höchsten und Heiligsten, das über alle Begriffe und Aussagen erhaben ist. Für ihn ist es nicht ein Gott, der für das Böse und die Unvollkommenheit der Welt verantwortlich ist. Denn die Welt, die wir erleben, ist eine Schöpfung unserer eigenen Unwissenheit, unserer eigenen Begierden und Leidenschaften. Dass aus Vollkommenem Unvollkommenes entstehen könnte, widerspricht nach buddhistischer Ansicht aller Vernunft – das Gegenteil erscheint viel wahrscheinlicher. Die Lebenserfahrung und das Beispiel jener, die Erleuchtung erlangten, lehrten, dass man aus dem Zustand der Unvollkommenheit Vollkommenheit verwirklichen kann und dass die Leiden, die die Folgen unserer Leidenschaften sind, gerade jene Käfte sein können, die uns zur Befreiung führen.

Dies ist der Grund, warum der Buddhist die Idee eines allmächtigen Schöpfergottes ablehnt, obwohl er das Prinzip des Göttlichen im Menschen (den eingeborenen Lichtfunken – *bodhicitta* –, verkörpert in seinem Bewusstsein als ein Sehnen nach Vollkommenheit, Ganzwerdung und Erleuchtung) bejaht. Um es paradox auszudrücken: Für ihn ist es nicht ein Gott, der den Menschen erschafft, sondern der Mensch, der die Idee des Göttlichen in sich gebiert und sie im Feuer des Leidens verwirklicht, aus dem dann Mitleid, Verstehen, Liebe und Weisheit hervorgehen.

Die Entfaltung des individuellen Lebens im Universum hat sozusagen nur die Bewusstwerdung der uns eigenen göttlichen Essenz zum Ziel. Und da diese Entfaltung dauernd vor sich geht, stellt sie eine dauernde Geburt Gottes

dar, oder in buddhistischer Ausdrucksweise: das unaufhör-
liche Entstehen erleuchteter Wesen, in deren jedem sich die
Ganzheit des Universums ihrer selbst bewusst wird.

Diese Vollendeten sind das, was im Mahayana-Buddhismus als die „unendliche Zahl der Buddhas" bezeichnet
wird oder als die „unendliche Zahl der Bodhisattvas". Diese
letzteren stellen aktive Kräfte dar, die von jenen ausstrahlen, die die höchsten Bewusstseinszustände erlangten und
nun alle inspirieren und fördern, die nach Befreiung streben. Bildlich wird dies durch jene Aura des meditierenden
Buddha dargestellt, die mit kleinen Replicas des Buddha erfüllt ist. Diese symbolisieren die unzähligen Bodhisattvas,
welche sich in Myriaden Formen zum Heile aller lebendigen Wesen verkörpern. Sie manifestieren sich in zahllosen
individuellen Formen, sind aber eins im Geiste.

Wir hatten die erste Stufe buddhistischen Gebetes als
einen Ausdruck der Ehrfurcht und Dankbarkeit gegenüber
den großen Erleuchteten und Wegbereitern der Menschheit
bezeichnet. Als ein Beispiel für die tiefe Hingabe, die den
Buddhisten hierbei erfüllt, sei hier ein Passus aus Shanti-
devas *„Bodhicaryavatara"*, dem „Wandel zur Erleuchtung",
wiedergegeben, der das Erwachen des inneren Lichtes beschreibt bzw. die Übung der Bodhisattva auf dem Wege zur
Erleuchtung:

„Um von der Perle des erleuchteten Geistes Besitz zu ergreifen, verehre ich die Vollendeten und das fleckenlose Juwel
der Lehre, wie auch die geistigen Söhne der Erleuchteten,
die Ozeane der Tugenden. Was es auch in dieser Welt an
Blumen, Früchten, Kräutern und lebensspendenden Was-
sern geben mag, an Bergen voll kostbarer Edelsteine, an
Waldeinsamkeiten zur Meditation, an Lianen mit wohlduf-
tenden leuchtenden Blüten, an Bäumen, deren Zweige unter
der Last köstlicher Früchte gebeugt sind, an lieblichen Lotus-
teichen, die vom Gesang der Schwäne widerhallen – kurz

alles, was als Opfergabe dienen kann und alles, was in der Unendlichkeit des Weltraumes enthalten ist und niemandes Eigentum ist: ich sammle es in meinem Geiste und lege es den Erhabenen und ihren geistigen Söhnen zu Füßen.

Ich bin ohne Verdienst und darum arm. Ich habe nichts anderes, womit ich sie verehren könnte. Mögen daher die Vollendeten, die keinen anderen Gedanken haben als die Wohlfahrt anderer, mögen sie diese Gaben um meinetwillen annehmen."

Der nächste Schritt ist die vollkommene Selbsthingabe und innere Umkehr in der Erkenntnis der eigenen Fehler und Schwächen:

„Ich gebe mich ganz und ohne Einschränkung den Erleuchteten und ihren geistigen Söhnen hin: Nehmt Besitz von mir, erhabene Wesen! Von Demut erfüllt, mache ich mich zu eurem Diener. Nachdem ich euer Eigentum geworden bin, habe ich nichts mehr in dieser Welt zu fürchten. Ich will nur das tun, was anderen Wesen zum Wohle gereicht. Ich will meine früheren Missetaten aufgeben und keine neuen begehen. Durch Hass und Begehren habe ich viel Übel getan, denn ich begriff nicht, dass ich alles verlassen und aufgeben muss. Ich begriff nicht, dass ich nur ein Wanderer bin, der durch die Welt reist – Tag und Nacht, ohne Aufhören, schwinden die Lebenskräfte dahin und der Tod kommt näher. Heute noch will ich darum meine Zuflucht nehmen.

Aus der Tiefe meines Herzens nehme ich meine Zuflucht zur Lehre und ebenso zu der Menge der Bodhisattvas. Mit gefalteten Händen flehe ich die vollkommen Erleuchteten aller Religionen an: mögen sie das Licht der Wahrheit für alle diejenigen entzünden, die aufgrund ihrer Verblendung sonst in den Abgrund des Elends fallen."

So hat sich der Betende den Erleuchteten geöffnet und sich ihnen „zum Werkzeug ihres Friedens" dargeboten.

Man vergleiche dazu das so erhabene und universelle Gebet des heiligen Franz von Assisi:

O Herr, mache mich zum Werkzeug Deines Friedens!
Wo Hass ist, da lass mich Liebe säen,
Wo Unrecht herrscht, da lass mich Verzeihung bringen,
Wo Irrtum ist, lass mich die Wahrheit zeigen,
Wo Zweifel wohnt, lass mich Glauben bringen,
Wo Verzweiflung herrscht, lass mich Hoffnung geben,
Und wo Dunkel herrscht, da lass mich Licht bringen,
Wo Trauer ist, da Freude!

O Herr gib, dass ich nicht nach Trost suche, sondern tröste,
Dass ich mehr verstehe, als dass ich verstanden werde,
Dass ich mehr liebe, als dass ich geliebt werde,
Denn durch Geben empfangen wir,
Durch Vergeben wird uns vergeben,
Und durch das Sterben nur erwachen wir zum ewigen Leben.

Es hätte genauso von Shantideva oder irgendeinem anderen frommen Buddhisten gesprochen werden können. Denn auch er verzichtet auf die Früchte aller von ihm gewirkten guten Werke und gelobt, statt um das eigene Heil besorgt zu sein, sich dem Heil aller lebenden Wesen zu widmen. Und so gelobt Shantideva:

„Was ich auch an Verdiensten erworben habe, möge ich hierdurch ein Linderer der Leiden aller lebenden Wesen werden. Die Verdienste, die ich auf allen meinen Lebenswegen durch Gedanken, Worte und Taten erworben habe: alles das gebe ich fort, ohne Rücksicht auf mein eigenes

Wohl, um die Erlösung aller lebenden Wesen zu verwirklichen. Nirvana bedeutet, alles aufzugeben, und mein Herz sehnt sich nach Nirvana. Da ich alles aufgeben muss, ist es da nicht besser, alles den Lebewesen zu geben? – Ich habe mich der Wohlfahrt aller Wesen gewidmet, mögen sie mich verleumden oder mit Schmutz bewerfen und mich zum Gegenstand ihres Spottes machen. Mögen sie mich töten, wenn es ihnen gefällt; ich habe ihnen meinen Leib gegeben, warum sollte ich mich also noch darum sorgen? Diejenigen, die mich schmähen, mich verletzen oder meiner spotten, mögen sie alle zur Erleuchtung kommen."

Wer dächte hier nicht an die Worte Christi: „Liebet eure Feinde, tut denen wohl, die euch verfolgen; segnet, die euch hassen"? – Jedem wahren Buddhisten, der diese Worte vernimmt, ist es klar, dass derjenige, der sie aussprach, einer der großen Bodhisattvas – der erleuchteten Helfer der Menschheit – war, denen er täglich Verehrung zollt, wenn er der Erleuchteten der Vergangenheit gedenkt und sich vor denen der Gegenwart und Zukunft verneigt, indem er spricht:

„Alle Erleuchteten der Vergangenheit,
Alle Erleuchteten der Zukunft,
Alle Erleuchteten der Gegenwart
Verehre ich zu allen Zeiten."[3]

Das Kultivieren einer liebevollen Gesinnung und die bewusste Durchdringung der Welt mit liebevollen Gedanken und einem teilnehmenden Herzen („so wie eine Muter, die sich für ihr Kind mit dem eigenen Leben einsetzt") wird im

---

[3] Ye ca buddha atita ca
Ye ca buddha anagata
Paccuppana ca ya buddha
Aham vandami sabbada.

Buddhismus geradezu als ein „Verweilen in Gott" *(brahma-vihara)*, ein „göttlicher Zustand" genannt.

Hiermit ist gleichzeitig eine gute Definition gegeben für das, was der Buddhist unter „göttlich" versteht. Die Liebe, welche hier gezeichnet wird, ist weit mehr als jenes humanitäre „Wohlwollen", zu dem westliche Philologen das vom Buddha gebrauchte Wort „Maitri" (Pali: *metta*) immer wieder zu verwässern suchen, obwohl das oben wiedergegebene Zitat sie eines Besseren belehren sollte.

Auch die übrigen in diesem Zusammenhang genannten Ausdrucksformen des „göttlichen Zustandes" – Mitleid, Mitfreude und der Gleichmut gegenüber eigenem Leiden und Wohlergehen – sind ja nichts anderes als der Ausfluss dieser selbstlosen Liebe.

Eine der gröbsten Missdeutungen der geistigen und emotionalen Haltung des Buddhismus entstand aus der falschen Auslegung des Begriffs *upeksa* (Pali: *upekkha*). Die landläufige, rein negative Übersetzung dieses wichtigen Begriffes als „Gleichgültigkeit" bzw. „Indifferenz" gab wiederholt Anlass zu dem Schluss (besonders bei christlichen Theologen), dass Liebe, Mitleid und Mitfreude nur Vorstufen zur Erlangung völliger Indifferenz und Gleichgültigkeit seien, die als höchstes Ziel und Kulminationspunkt buddhistischer Ethik betrachtet wurden. Daraus wiederum folgerte man, dass Liebe und Mitleid für den Buddhisten nur konventionelle Mittel seien, um sein eigenes, persönliches Heil zu erreichen, und dass sie daher nicht auf einem wahren Altruismus beruhten und ihnen daher auch nicht ein gleicher ethischer Wert zukomme wie im Christentum.

Jedoch gerade das Gegenteil ist wahr: So wie Liebe nicht durch Mitleid gemindert wird, sondern vielmehr ihre Erfüllung in dieser höheren Qualität selbstloser Zuwendung findet, so hebt Gleichmut *(upeksa)* auch nicht die ihr vorangehenden geistigen Haltungen auf. Denn nur der kann wirklich alle Wesen mit gleicher Zuneigung umfangen, der selber nicht durch anderer Menschen Feindschaft oder Gunst zu erschüttern ist. So finden Liebe, Mitleid und Mitfreude am Glück anderer nicht nur ihre höchste Vollendung in Gleichmut, sondern diese ist die eigentliche Grundlage dieser Eigenschaften, die die Erleuchteten und alle, die ihren Spuren folgen, kultivieren und der Welt schenken – ähnlich der Sonne, die für Sünder und Heilige in gleicher Weise scheint.

Somit ist *upeksa* in ihrem höchsten Aspekt jene unerschütterliche Standfestigkeit, jenes vollkommene Gleichgewicht und jener Gleichmut unseres Denkens und Fühlens, in dem weder Gleichgültigkeit noch lauwarme Emotionen Platz haben und in dem die Unterscheidung zwischen sich selbst und den anderen verschwunden ist.

Shantideva hat das so wunderbar in einem Merkvers seines *Shikshasamuccaya* zum Ausdruck gebracht:

„Wenn mein Nachbar, ebenso wie ich, Furcht und Schmerz verabscheut, in welcher Weise unterscheide ich mich dann von anderen, wenn ich nur Schutz für mich selber suche und nicht für andere?"

Damit aber kommen wir zum Wesen des Problems und dem Hauptmotiv des buddhistischen Gebetes: Es ist Liebe und Mitleid, die sich auf dem tiefen Wissen um die Wesenheit des Lebens und die innere Verbundenheit aller lebendigen Wesen gründen. So wie die Selbstlosigkeit der Mutterliebe nicht auf einer ethischen Forderung oder einem kategorischen Imperativ beruht, sondern auf dem Wissen um die Wesenseinheit von Mutter und Kind, so erweist sich die buddhistische Nächstenliebe als die natürliche Folge einer Weltanschauung, die von der Erkenntnis der essentiellen Einheit aller Wesen ausgeht und damit die Vorstellung eines in sich und für sich bestehenden „Ichs" für die schlimmste Illusion der Menschheit hält.

Diese Überzeugung aber reift allein durch Meditationserfahrungen, deren erster Schritt Gebet ist, so dass man dieses auch als eine Vorform der Meditation betrachten kann. Es benutzt Worte, um den Geist in eine gewisse Richtung zu bringen, der dann, je weiter er voranschreitet, desto weniger Worte braucht. So wird das Gebet schließlich zum Mantra, d. h. zur schöpferischen Sprache oder zum „Machtwort", das die schlummernden Kräfte der Seele weckt, bis der Geist des sich Hingebenden in den Ozean seines eigenen Tiefenbewusstseins hinabtaucht, wo sich ihm die Wirklichkeit eines größeren Lebens enthüllt, das ihn durch ein unmittelbares Erleben jenseits aller Worte und Begriffe mit allen lebenden Wesen und dem Geiste der Erleuchteten verbindet.

So ist das Gebet im Buddhismus der Pfad der Hingabe *(bhakti-marga)*, und zwar zunächst an den Lehrer und die Erleuchteten, dann an alle lebenden und leidenden Wesen durch das Bodhisattva-Gelöbnis vollkommener Selbsthingabe, das schließlich seine Erfüllung im Licht der Erkenntnis findet. Denn der, der am Lichte teilhaben will, muss sich zunächst einmal öffnen. Gebet aber ist ein Akt des Öffnens von Herz und Geist. Und indem wir uns auftun, lassen wir das Licht nicht nur in uns hinein, sondern schlagen zugleich eine erste Bresche in die Mauern unseres selbst erschaffenen Kerkers, der uns von unseren Mitwesen zu trennen droht, so dass im gleichen Maße, wie das Licht in uns einströmt und uns unsere wahre, universelle Natur erkennen lässt (die uns mit allem, das in der Unermesslichkeit von Raum und Zeit existiert, verbindet), unsere Liebe und unser Mitempfinden mit allen lebenden und leidenden Wesen hervorbricht und aus uns herausströmt wie ein mächtiger Strom, der die ganze Welt umfängt. Dadurch aber wird das Gebet zu einem Akt der Hingabe in zweifacher Hinsicht: einmal an die Kräfte des Lichtes *(bodhi)* und zum anderen an unsere Mitmenschen. Die Kräfte des

Lichtes aber sind nicht ein abstraktes Ideal, sondern eine gelebte und stets lebendige Wirklichkeit, verkörpert in jenen großen Lehrern der Menschheit, die wir als die Erleuchteten verehren.

Je intensiver wir uns in die Gegenwart dieser Erleuchteten versetzen können, je lebendiger sie in unserem Bewusstsein werden, je tiefer wir sie in unser Gefühl aufnehmen, in Erwiderung ihrer Liebe, in Bewunderung ihrer Taten, in Dankbarkeit für ihre Lehren, desto größer ist ihre Wirkungskraft. Zu ihrer Vergegenwärtigung aber bedarf es sichtbarer Symbole, in denen die höchsten Qualitäten des erleuchteten Geistes zum Ausdruck kommen und in denen zu gleicher Zeit das menschliche Empfinden unmittelbar angesprochen wird.

Solche Symbole sind die verschiedenartigen Darstellungen der Buddhafigur, die nicht naturhafte Wiedergabe einer einmaligen menschlichen Persönlichkeit sind, sondern der Niederschlag, die Kristallisation eines durch ungezählte Generationen gepflegten religiösen Erlebens. Das Kultbild ist also nicht ein Gegenstand der „Anbetung", sondern ein Mittel zur Vergegenwärtigung des zu verwirklichenden Ideals und der Vollendeten, die es in ihrem Leben verkörperten und verkündeten. Ihre geistige Gegenwart ist jedem erfahrbar, der sich ihnen öffnet. Statt aber unser Ideal anzubeten oder nur zu verehren – also etwas außer uns Stehendes zu betrachten –, müssen wir selbst zu diesem Ideal werden, indem wir uns mit ihm identifizieren, es innerlich nacherleben, um es auch im Äußeren nachleben zu können. Ein Ideal wird nur dann zur wirkenden Kraft, wenn es als unmittelbare Gegenwart und Wirklichkeit empfunden wird, wie dies im Erlebnis der höheren Meditationszustände oder der inneren Schauung geschieht. Das sichtbare Kultbild wie auch das Ritual (Puja) und die Liturgie, in der das Gebet zu einem gemeinsamen Bekenntnis, zu einem Akt gemeinsamer Hingabe und Selbstdedikation wird, ist nur der Auftakt und die Vorbereitung zur Entfaltung des inneren Schaubildes der Meditation, in der sich die Einswerdung der menschlichen Persönlichkeit mit ihrem Ideal vollzieht.

In den Gesten und den rituellen Handlungen (wie dem Sich-Verneigen, dem Darbringen von Lichtern, Wasser, Blumen, Weihrauch etc.) werden unsere Gedanken und Gefühle sichtbar gemacht als Mittel, um unseren Geist auf das Ziel des heiligen Pfades zu richten und zu konzentrieren. Daher kann die *Puja* eine „dramatisierte" Form der Meditation genannt werden: eine Meditation, die in Handlung umgesetzt und in das Sicht- und Hörbare übertragen wurde. Durch den Parallelismus von Körper, Rede und Geist – durch die Koordination von Bewegung, Wort und Gedanken –, durch die Harmonie von Gefühl, verbalem Ausdruck und schöpferischer Vorstellungskraft wie der Schaubildentfaltung erreichen wir eine Einheit aller Funktionen unseres bewussten Seins, wodurch nicht nur die Oberfläche unserer Persönlichkeit angesprochen wird (d.h. unsere Sinnesorgane und unser Intellekt), sondern ebenso auch die tieferen Schichten unseres Geistes. Durch die regelmäßige Ausübung einer solchen rituellen Verehrung aber werden die Fundamente unseres ganzen Wesens langsam, aber vollständig umgeformt und für das innere Licht empfänglich.

6. KAPITEL

Das Bodhisattva-Ideal – ein Licht in der Dunkelheit unserer Zeit

*Ein Ideal erhebt keinen Anspruch
auf Ausschließlichkeit*

Es fördert und ermutigt vielmehr die Freiheit individueller Entscheidung und bedarf keiner Rechtfertigung durch historische Dokumente oder durch logische Beweise. Seine unmittelbare Überzeugung erwächst aus der ihm innewohnenden Kraft zu immer erneuter Inspiration und schöpferischer Zukunftsgestaltung. Das macht seinen Wert in der und für die Gegenwart aus. [...]

Solange noch der Buddha als die lebendige Verkörperung dieses Ideals unter den Jüngern weilte, war es nicht nötig, darüber zu theoretisieren und bestimmte Vorstellungen und Meinungen über das Wesen der Bodhisattvaschaft zu entwickeln.

Nach dem Hingang des Erhabenen aber wurde den Jüngern erst die ganze Größe des Buddha voll bewusst, so wie man die ganze Größe eines Gebirges nur erkennen kann, wenn man es aus einem gewissen Abstand betrachtet. Und so wurde mit dem zeitlichen Abstand das Bild des Buddha in den Herzen seiner Jünger immer deutlicher. Es erfuhr eine immer vollkommenere Ausformung, so dass der Erhabene schließlich als das erkannt wurde, was er immer war: der, der den Weg, den jeder wahre Jünger zu gehen hat, selbst beispielhaft vorgelebt hatte, den Weg der Bodhisattvaschaft im Dienste aller Wesen, der zum erhabenen Ziel führt – zur vollkommenen Erleuchtung, die das große Erwachen ist. [...]

Im Buddha selbst sahen sie die lebendige Verkörperung des Dharma und machten den Nachvollzug seines irdischen Lebens, seiner geistigen Entwicklung und seines aufopfernden Wirkens zum Ideal und Leitbild ihres eigenen Lebens und Strebens. Denn was konnte einem Menschen größere Gewissheit im Kreuzfeuer sich gegenseitig bekämpfender Weltanschauungen und Meinungen geben als das Beispiel des Buddha. [...]

Das aber macht deutlich, dass die Gestalt des Buddha und der tiefe Symbolismus seines geschichtlichen wie legendären Lebens (in dem seine innere Entwicklung dargestellt wird) von unendlich größerer Bedeutung für die Menschheit ist als alle auf seiner Lehre basierenden philosophischen Systeme und die abstrakten Klassifikationen der Scholastik der frühen Schulen. Denn kann es eine großartigere und tiefer gehende Darstellung der Selbstlosigkeit, der Anatman-Lehre, der Vier Edlen Wahrheiten einschließlich des Edlen Achtfachen Pfades, des Entstehens in Abhängigkeit und der vollkommenen Erleuchtung und Befreiung geben als das Leben des Buddha, das alle Höhen und Tiefen des Universums umfasst? War sein ganzes Dasein und Wirken nicht lebendiger Ausdruck dessen, was den Kern des Bodhisattva-Gelöbnisses ausmacht: „Was immer die höchste Vollkommenheit des menschlichen Geistes auch sein mag: Möge ich sie zum Wohle aller Wesen verwirklichen." [...]

Die Pflege tiefer Einsicht durch Meditation, das Überwinden der Leidenschaften durch Disziplin, die Klärung des Wissens durch Studium, die Verwirklichung der Nicht-Ichheit durch Selbstlosigkeit und die Erleuchtung: dies sind die Säulen, auf denen das Bodhisattva-Ideal ruht.

Schon auf indischem Boden kam es in den ersten Jahrhunderten nach Buddha zu einer unterschiedlichen Beurteilung und Interpretation gewisser Teile seiner Lehre, bedingt durch die Verschiedenartigkeit der Temperamente und der mehr oder weniger intro- oder extravertierten Haltung der Jünger. In der Pali-Tradition findet man eines der ältesten Bodhisattva-Gelöbnisse:

„Durch die Ausübung aller Vollkommenheiten wie Sittlichkeit, Weisheit, Gebefreudigkeit, Tatkraft, Geduld, Wahrhaftigkeit, Entschlossenheit, Nächstenliebe und Gleichmut und durch die höchste Verwirklichung all dieser, möge ich die höchste Buddhaschaft erlangen."

Keine Weltflucht, sondern Weltüberwindung

Der Weg zur Verwirklichung jenes hohen Zieles, zu dem uns der Buddha durch sein eigenes Vorbild den Weg wies, ist weder einfach noch bequem. Wer ihn betritt, reift zu einer Verantwortlichkeit, die ständig neue Kreise einbezieht, und wird mehr und mehr aus der Geborgenheit der überschaubaren kleinen Welt persönlichen Glücks und Leids hinausgetragen in ein Wirken, das den Einsatz all seiner Kräfte zum Wohle aller Wesen fordert. Hier ist kein Platz für quietistische Weltflucht. Wer meint, dadurch schneller zum Ziele zu gelangen, indem er sich von jeglichem Kontakt mit dem Leben fernhält, beraubt sich der Gelegenheit, Opfer zu bringen, Selbstverleugnung zu üben, auf mühsam erworbenen Gewinn zu verzichten und das aufzugeben, was einem lieb ist, oder von dem Abstand zu nehmen, was einem begehrenswert erscheint. Hier geht es um aktive Weltüberwindung, ein Durch-sie-hindurch-darüber-Hinausgehen. So appelliert das Bodhisattva-Ideal heute wie einst an die tiefsten menschlichen Gefühle in unserem Herzen. Es erfüllt uns mit dem Feuer der Hingabe an ein großes Ziel, dem man gern jedes Opfer bringt, ohne je dabei zu empfinden, dass es ein Opfer ist.

Denn der Bodhisattvaweg besteht nicht nur im Vermeiden von Üblem und Unheilsamem und im Kultivieren dessen, was gut und heilsam ist, sondern vor allem in sich selbst aufopfernden Taten der Liebe und des Mitleids, geboren aus den Feuern universellen Leidens, in denen die Schmerzen anderer mit gleicher Intensität empfunden werden wie die eigenen.

Es wäre ein Trugschluss, eine gefährliche Halbwahrheit, wenn man annimmt, dass man sich zuerst selber helfen müsse, bevor man anderen helfen kann. Es wäre auch ein arges Missverständnis, wenn man annähme, dass der Dienst am Nächsten ein Zurückstellen oder eine Minderung jener eigenen Anstrengung wäre, die wir zur Erreichung des höchsten Zieles brauchen.

Anderen helfen und sich selber helfen geht Hand in Hand: das Eine ist nicht ohne das Andere. Und aus diesem Grund müssen auch selbstlose Liebe *(maitri)*, Mitleid *(karuna)* und Mitfreude *(mudita)* stets auf dem Wege entwickelt werden, müssen zu den Grundlagen jenes geistigen Gleichmuts *(upeksa)* werden, der alles ohne Partei zu ergreifen umfasst und der ohne die drei vorhergehenden schöpferischen Meditationen *(bhavanas)* nichts als Gleichgültigkeit wäre – also eine völlig negative Eigenschaft.

Und was nun das Belehren anderer betrifft: Wenn jemand noch selber ein Lernender ist, dann ist er im Allgemeinen ein besserer Lehrer als jener, der zum Lernen und Assimilieren nicht mehr fähig ist – wobei allerdings vorausgesetzt werden muss, dass nur das zu lehren ist, was sich auch im Bereich der eigenen Erfahrung und des eigenen Wissens bewegt.

Dabei ist es auch nicht der Erfolg oder der äußere sichtbare Effekt, der von Bedeutung ist, sondern das Motiv, die innere Einstellung, das Bedürfnis und die Bereitschaft, anderen zu helfen. Diese Bereitschaft allein befreit uns aus dem Zustand des sich Absetzens von anderen und der dadurch bedingten inneren Isolation, die so sehr Kennzeichen unserer Zeit sind, und befähigt uns, über uns selbst hinauszuwachsen.

Ein solches Teilen aus Freude im Bewusstsein der Beschränktheit des eigenen Wissens ist aber sehr wohl zu trennen von dem Übereifer und der Bekehrungswut jener, die die ganze Welt mit ihren neuen Ideen „beglücken" möchten. Hier ist die Mahnung zur Mäßigung und Bescheidung wichtig. Vergessen wir darum nie, dass wir nur dann anderen Wesen in zunehmendem Maße dienen können, wenn wir in jedem Augenblick hart an uns arbeiten, um Körper, Rede und Geist integrierend zu einem immer vollkommeneren Instrument des Wirkens zum Wohle aller Wesen zu machen, um Buddhaschaft „zum Heile der im Leid befangenen Wesen" zu erlangen.

Je mehr wir uns von unserem Ich befreien und die Wände unseres selbst geschaffenen Kerkers niederreißen, desto größer wird die Klarheit und Leuchtkraft unseres Wesens und mit ihr die Überzeugungskraft unseres vorgelebten Lebens. Allein durch sie können wir anderen helfen – mehr als durch philanthropische Werke und mehr als durch fromme Worte und religiöse Predigten.

Unser Leben und die Welt haben so viel „Sinn",
wie wir ihnen zumessen und in sie hineinlegen

Wenn wir die Erleuchteten und das Ziel der Erleuchtung zu unserem höchsten Ideal erhoben haben, wird es für uns zu einer wirkenden Wirklichkeit in dem Maße, wie wir dem Beispiel der Erleuchteten auf dem Wege der Bodhisattvaschaft unter Einsatz all unserer Energien folgen. Dabei müssen wir uns von vornherein bewusst sein, dass es auf diesem Wege weder eine Fluchtmöglichkeit gibt noch ein Ausweichen und Davonrennen vor Unannehmlichkeiten und Leiden. Dieser Weg erfordert den vollen und geballten Einsatz unserer gesamten seelischen Energie und die Bereitschaft, die Leiden aller Wesen auf uns zu nehmen. Doch dieses Aufsichnehmen der Leiden der Welt bedeutet nicht, dass wir Leiden suchen oder gar glorifizieren oder als eine Art Buße auf uns nehmen sollten. [...]

Hier geht es einzig und allein darum, dass wir uns mit allen lebenden Wesen identifizieren lernen. Eine solche Haltung bewahrt uns nicht nur davor, dass wir unserem eigenen Leiden zu viel Bedeutung beimessen – was lediglich unser Selbst und unsere Selbstbezogenheit stärken würde –, sondern hilft uns, die Ichbezogenheit zu überwinden. [...]

Als der Buddha seine Lehre von der Aufhebung des Leidens verkündete, sprach er nicht vom „Vermeiden des Leidens". Nur der, der durch die reinigenden Feuer des Leidens hindurchgeht, kann höchste Erleuchtung erlangen, um fähig zu werden, der Welt zu dienen. Nicht dem Leiden zu entfliehen war sein Weg, sondern das Leiden zu überwinden, es zu besiegen. Deshalb wurde er – wie die ihm vorangegangenen Buddhas – ein Jina, das heißt ein „Sieger", genannt.

Denn für den, der auf dem Wege zur vollkommenen Erleuchtung ist, verliert das Leiden den Charakter einer persönlichen Not und besteht nicht mehr in der Sorge um das Wohlergehen der eigenen Person, sondern wird mehr und mehr universell und essentiell, das Wesen alles Daseins einbeziehend. In diesem Geiste wird das Bodhisattva-Gelöbnis von all jenen auf sich genommen, die dem heiligen Pfade der Buddhas folgen wollen:

„Was ich auch an geistigem Gewinn erlangt habe, möge ich hierdurch ein Linderer der Leiden anderer fühlender Wesen werden. Den geistigen Gewinn, den ich auf all meinen Lebenswegen durch Gedanken, Worte und Taten erworben habe: Alles gebe ich fort, ohne Rücksicht auf eigenes Wohl, um die Befreiung aller lebenden Wesen zu verwirklichen." (aus Shantideva: *Bodhicaryavatara*). Die Verwirklichung des Bodhisattva-Pfades setzt die Überwindung aller engen individuellen Begrenzungen voraus sowie die Anerkennung überindividueller Wirklichkeiten (und damit überindividuell wirkender Kräfte) in unserem eigenen Geiste. Damit wird von dem, der den Bodhisattva-Weg gehen will, von vornherein eine Einstellung gefordert, die – von aller Ichbezogenheit frei – universell ausgerichtet ist. Derjenige, der nur nach eigener Erlösung strebt oder das Leiden auf kürzestem Wege loswerden möchte, ohne einen Blick für die Leiden seiner Mitwesen zu haben, hat sich durch eine solche Einstellung schon der wesentlichsten Mittel zur Verwirklichung seines Zieles beraubt. Allein in der Abwendung auch von den subtilsten Formen ichhaften Strebens und in der Verwirklichung der „Vier Verweilungen im Göttlichen" öffnet sich uns der Weg.

Dabei steht hier nicht zur Debatte, ob es wirklich objektiv möglich ist, die ganze Welt zu befreien. Selbst der Buddha konnte dies während seines Lebens nicht vollbringen. Doch die Universalität seines Geistes war von so anhaltender Wirkung, dass seine Gegenwart bis zum heutigen Tage spürbar ist und dass der Befreiungsprozess, den er vor 2500 Jahren in Gang setzte, weitergeht und solange dauern wird, solange Wesen seiner bedürfen. Denn in diesem Bereich ist nicht die Leistung wichtig, sondern allein die geistige Haltung, die durch das Bodhisattva-Ideal bestimmt wird und darin ihren Ausdruck findet, dass jeder von uns nach bestem Wissen und Können seinen Teil – ohne Vorbehalt und ohne Einschränkung – in Richtung auf das höchste Ziel beisteuert. Dabei ist er sich stets bewusst, dass jede seiner Bemühungen auf das Wohlergehen aller ausgerichtet sein muss. Und selbst dann, wenn wir den Bereich höchsten Glückes erreicht haben, werden wir nicht aufhören, für die Wohlfahrt aller zu wirken, sondern vielmehr ihre Freuden und Leiden teilen und ihnen Wege zur Befreiung weisen.

Nirvana kann nicht als das höchste Ideal
des Buddhismus betrachtet werden.

Der Buddha kehrte vom Bodhi-Baum wieder in die Welt
zurück und nahm alle Beschwerden des Lebens eines Wan-
derasketen auf sich. Je mehr der Buddhismus seine eigene
spirituelle Welt entfaltete, indem er den praktischen, logischen und metaphysischen Konsequenzen seiner grundlegenden Prinzipien folgte, um so mehr trat die Idee des Nirvana hinter das Bodhisattva-Ideal zurück. Denn Nirvana
ist – geht man über die Definition, dass es das Erlöschen
von Gier, Hass und Wahn ist, hinaus – eine Zielvorstellung,
die der Buddhismus mit anderen indischen Heilssystemen
gemein hat. Das Bodhisattva-Ideal aber verleiht dem Buddhismus jenen Charakterzug, der ihn von allen anderen
indischen Richtungen unterscheidet und ihn siegreich über
die Grenzen Indiens hinaustrug, so dass er eine der großen
geistigen und kulturellen Kräfte der Menschheit wurde.

Diese Kraft des Bodhisattva-Ideals, das die damalige Welt
Asiens in einem friedlichen Siegeszug ohnegleichen er-
oberte, ist vor allem darin zu suchen, dass es universelle
Liebe, grenzenloses Mitempfinden mit allen Wesen und Er-
leuchtungsstreben in sich vereint und sich so an Herz und
Geist jedes selbständig denkenden Menschen wendet.
Dabei wird der Erfahrungsbereich Nirvana zum Bestandteil
des Weges zur vollkommenen Erleuchtung und findet seine
Einordnung in die Universalität des Erleuchtungserlebnis-
ses. Denn das Wesen der *Samyaksambodhi,* der höchsten
vollkommenen Erleuchtung, duldet keine Ausschließlichkeit, kann weder erworben noch besessen werden und
strahlt grenzenlos, ohne sich selbst zu erschöpfen, nach
allen Richtungen, indem sie alle anderen an ihrem Licht
und ihrer Wärme teilhaben lässt, so wie die Sonne ihr Licht
und ihre Wärme ohne Einschränkung allen schenkt, die
Augen haben zu sehen und die Fähigkeit besitzen, ihre

Wärme zu fühlen und ihre lebensspendenden Kräfte in sich aufzunehmen.

Und so wie die Sonne, die unsere Welt unterschiedslos erleuchtet, auf die verschiedenen Wesen entsprechend der ihnen eigenen Empfänglichkeit und deren Sich-Öffnen unterschiedlich einwirkt, so ist auch das Wirken des Erleuchteten: Wenn er auch alle lebenden Wesen ohne Unterschied in seinem Geiste umfängt, so weiß er doch, dass nicht alle unmittelbar zu gleicher Zeit befreit werden können, sondern dass die Saat der Erleuchtung, die er ausstreut, bei dem einen früher und bei dem anderen später Frucht bringen wird, entsprechend der Empfänglichkeit oder Reife der einzelnen Wesen. Da jedoch im Erleuchtungserlebnis Zeit ebenso illusorisch ist wie der Raum, nimmt der Erleuchtete die Befreiung von allem, was da lebt, in der Erfahrung der *Samyaksambodhi*, der höchsten vollkommenen Erleuchtung, vorweg. Dies ist die Universalität der Buddhaschaft und die Erfüllung des Bodhisattva-Gelöbnisses.

Für den aber, der – eben von *Bodhicitta* ergriffen – dieses Gelöbnis in seinem Herzen auf sich nimmt und sich zum Bodhisattva-Ideal bekennt, wird die Gestalt des Buddha von nun an im Mittelpunkt seines religiösen Lebens stehen: Sie wird für ihn zur Verkörperung jenes hohen Zieles, dessen Verwirklichung Aufgabe jedes Jüngers des Erhabenen ist.

Nicht in der raum- und zeitlosen Enge abstrakten Denkens oder eines durch Antiquität geheiligten Dogmas wird hier der innere Gehalt des Buddhismus gesehen, sondern in seiner räumlichen und zeitlichen Weite, Entwicklung und Ausdehnung, das heißt im lebendigen Wachstum seines Denkens und Fühlens sowie seiner Auseinandersetzung mit dem Leben, kurz: in seiner Universalität. Unwesentlich wird hier, was man philosophisch-spekulativ über die Wirklichkeit oder Unwirklichkeit der Welt und über ihr Verhältnis zur geistigen Erfahrung oder über den Zustand der „Befreiung" und des „endgültigen Nirvana" aussagen mag. Wesentlich für den Jünger auf diesem Pfade ist allein, dass jenes, was wir ahnend unter den Chiffren „Vollendung", „Erleuchtung" und „Buddhaschaft" zu erfassen versuchen, einmal von einem menschlichen Wesen verwirklicht worden ist und dass es deshalb jedem menschlichen Wesen möglich sein muss, eben dieses hohe Ziel auf gleichem Wege zu erreichen.

Zu dieser Tiefe vorzudringen und diese tiefe Bewusstheit selbst in uns zu erwecken, ist das Ziel des Bodhisattvamarga – des Weges zur Verwirklichung des Erwachens, der Befreiung und der Erleuchtung: des Durchbruchs zur Buddhaschaft in uns selbst.

Erinnern wir uns noch einmal daran, dass der Buddha in seiner ersten Rede im Gazellenhain nahe Benares von *Anuttara-Samyak-Sambodhi* (der höchsten vollkommenen Erleuchtung) als dem Ziel seiner Lehre sprach und nicht von einem negativen Nirvana, das sich mit der bloßen Aufhebung der menschlichen Leidenschaften und des Leidens begnügte. Diese wird – wo immer es hier erwähnt wird – nur als Begleiterscheinung vollkommener Erleuchtung genannt.

Bedenken wir auch, dass das, was der Buddha in Worten ausdrückte und ausdrücken konnte, nur ein Bruchteil dessen war, was er durch seine Persönlichkeit und sein Beispiel lehrte. Aber auch Lehre und Beispiel dieser großen Persönlichkeit spiegeln zusammen nur einen Bruchteil seines geistigen Erlebens wider. Der Buddha war sich der Unzulänglichkeit der Worte wohl bewusst, als er zunächst zögerte, seine Lehre zu verkünden und in Worte zu fassen. Denn das, was er erkannt hatte, ist nach seinen eigenen Worten *„tief, schwer zu verstehen, schwer zu verwirklichen, mit dem bloßen Verstande nicht fassbar"*. Als er sich dennoch entschloss, die Wahrheit aus Mitleid für die wenigen, *„deren Augen mit wenig Staub bedeckt sind"*, zu enthüllen, vermied er entschieden, Aussagen über die „letzten Dinge" zu machen. Er weigerte sich, Fragen zu beantworten, die den überweltlichen Bereich meditativ-geistiger Verwirklichung betrafen, so wie er auch über Probleme schwieg, die über die Fähigkeiten des menschlichen Intellekts hinausgehen. Allem spekulativen Denken abhold, beschränkte er sich darauf, einen gangbaren Weg zu zeigen, der die Möglichkeit zur Lösung aller echten Probleme bietet. Diesen Weg legte er so dar, dass das Verständnis den jeweiligen intellektuellen und emotionalen Fähigkeiten seiner Zuhörer angepasst war. Seine Schüler leitete er an, so wie es ihrer jeweiligen Entwicklungsstufe entsprach, und gab die tieferen Aspekte des Dharma sowie die Anweisung für höhere Meditationen nur an den engen Kreis fortgeschrittener Jünger weiter.

Spätere Schulen des Buddhismus sind diesem Grundsatz treu geblieben. Sie passten die Lehrmethoden und Übungen meditativer Verwirklichung sowohl den Bedürfnissen des Individuums als auch der geistigen oder historisch bedingten Entwicklung ihrer Zeit an. Und so wie der Buddha selbst seine Jünger entsprechend ihrer geistigen Reife unterschiedlich leitete und ihnen verschiedenartige Übungen auferlegte, so behielten auch die späteren Schulen die schwierigen Aspekte ihrer Lehren und die entsprechenden meditativen Übungen denen vor, die sich die notwendigen Vorkenntnisse und Fähigkeiten erworben hatten. Dahinter stand das Bestreben, müßiges Geschwätz und bloße Spekulation zu vermeiden, durch die Ungeschulte leicht dazu verleitet werden, höhere Bewusstseinszustände intellektuell vorwegzunehmen, ohne sich der Anstrengung zu unterziehen, diese durch eigene meditative Praxis zu erwerben. Denn intellektuelle Vorwegnahme nicht gemachter geistiger Erfahrungen verführt den Unerfahrenen leicht zu der Annahme, er habe durch begriffliches Verstehen das zu Tuende bereits getan, wodurch er den Prozess meditativen Erlebens blockiert, der allein die Kraft zur Wandlung freisetzt.

Wer heute den Weg der Bodhisattvaschaft gehen will,

muss in der Nachfolge des Vorbildes des Buddha lernen, seinen Geist in der Übung ständiger Vergegenwärtigung offenzuhalten. Er muss sich schulen, durch Studium, sittliches Verhalten in Eigenverantwortung und durch Meditation jede Einseitigkeit zu vermeiden und die innere Einswerdung und Verwandlung anzustreben, um auf diesem Wege eine Weltschau zu gewinnen, die weit genug ist, um die Gesamtheit menschlichen Wissens zunehmend zu umfassen. Er wird auf diesem Wege geistiger Vertiefung zum Wesen aller Erscheinungen vordringen, und seine Lebensführung wird ihn befähigen, jede Tätigkeit des Körpers und des Geistes als eine Hilfe auf dem Pfade zur Erleuchtung zu nutzen.

Auf den vorbereitenden Stufen dieses Weges, die sowohl die intellektuellen wie die emotionalen Kräfte des Menschen aktivieren, wird er lernen, klares Denken als ordnendes Element des Geistes und als ein sicheres Fundament zu gebrauchen, auf dem sich das intuitive Erleben entfalten kann. Seine Emotionalität wird er in der Form vollkommener Hingabe an das Ziel zur Triebkraft seines Strebens machen. Er wird das Denken meistern, indem er dessen Gesetze beherrschen lernt, um dann die Grenzen alles Denkens und Erwägens zu überschreiten und sich klaren, wachen Bewusstseins den leidenden Wesen zuzuwenden. Dann mag eines Tages spontan in ihm Bodhicitta aufleuchten: Es bricht plötzlich in einem Menschen, der offensteht, als ein ganzheitliches „totales" Ergriffensein vom Leid und der Not aller Wesen durch. Unbedeutend erscheint ihm dann alles persönliche Missgeschick, alle Qual, aller Schmerz. Nur ein Wunsch erfüllt blitzartig sein Bewusstsein: alle diese Wesen frei und glücklich zu machen.

Das Erleben dieses vollkommenen Ergriffenseins, das keinen Platz für irgendetwas anderes lässt, bewirkt einen tiefgehenden Wandel des Betroffenen. Selbst wenn das Erlebnis längst verhallt ist wie der Ton einer nur einmal angeschlagenen Glocke und wenn die Welt längst wieder ihren Tribut fordert: Es bleibt die bestimmende richtunggebende Kraft im Leben dessen, dem es widerfuhr.

Doch zu diesem, unser Ich aufbrechenden Erleben gelangt man nicht durch Regeln oder Gelöbnisse – auch nicht durch das Aufsichnehmen von 18 Wurzel- und 44 zusätzlichen Gelübden. Denn Formeln, Fixierungen, Gelübde und Regeln sind immer das Produkt von Niedergangszeiten, wo das unmittelbare Erleben erlosch und wo man versuchte, im Netz der Formen und Zeremonien das zu fangen, was sich längst entzog. So errichtet man mit jeder Formel immer nur dickere Mauern für das aus Sicherheitsbedürfnis selbst geschaffene Gefängnis, welches schließlich keinen Bewegungsspielraum mehr lässt.

Wenn etwas in dieser Welt Bodhicitta den Weg bahnen kann, dann ist es allein ein liebevolles, verstehendes Sich-Öffnen und Mitfühlen mit anderen Wesen, das nicht Besitz ergreift noch einen Lohn für sich erstrebt (und sei dieser noch so subtil) oder sich gar einbildet, „Verdienste zu erwerben". Ich-freies Handeln mit wachem Bewusstsein aus Liebe, Mitleiden und Mitfreuen mit allen fühlenden Wesen ist allein der Schlüssel dazu. Und wem es gelingt, auch nur ein einziges Wesen selbstlos zu lieben, ohne zu verlangen und das Seine zu suchen, der wird durch diese Liebe zu *einem* Wesen befähigt, *alle* Wesen zu lieben und Bodhicitta in sich zu erzeugen beziehungsweise es durchbrechen zu lassen. Dann werden seine Lippen vielleicht ähnliche Worte finden, wie sie einst Shantideva fand:

„Ich nehme auf mich die Last aller Leiden.
Ich bin entschlossen, sie zu ertragen.
Ich kehre nicht um.
Ich fliehe nicht, noch zittre ich.
Ich gebe nicht nach, noch zögere ich.
Und warum? Weil die Befreiung aller Wesen
    mein Gelöbnis ist."

7. KAPITEL

Die Schauung des Bodhisattva

Im großen Kloster von Nalanda im Lande Magadha lebte einst ein Ordensältester, der als ein großer Schriftgelehrter galt und im Rufe der Heiligkeit stand, denn es hieß von ihm, dass er nie eine der über vierhundert Ordensregeln gebrochen habe. Sein Ruhm erreichte selbst den Bodhisattva Avalokiteshvara. Dieser nahm daraufhin die Gestalt eines Wandermönches an und erschien im Lande Magadha, nicht weit von der Wohnstätte des berühmten Ältesten.

Letzterer war gerade unterwegs zu einem Nachbarkloster, begleitet von zwei Laien, die einige Bücher für ihn trugen. Auf dem Weges schloss sich ihnen in fremder Mönch von ehrwürdiger Erscheinung an, der im Begriff war, das gleiche Kloster zu besuchen und froh zu sein schien, jemanden gefunden zu haben, der des Weges kundig war.

Nach einiger Zeit begegneten sie einem Dorfmädchen mit einem Wasserkrug auf dem Kopf, auf dem Weg zum Brunnen. Es bewegte sich mit der unbewussten Anmut der Jugend, und seine Züge strahlten die Unbefangenheit und Reinheit kindlicher Unschuld aus.

Der jüngere der beiden Laien konnte seine Bewunderung nicht unterdrücken und sagte zu seinem Weggenossen: „Glich sie nicht einer Waldfee in ihrer Lieblichkeit?"

Der Ordensälteste, der diese Worte vernahm, bemerkte mit strenger Miene: „Ich sah keine Waldfee – nur ein Knochenbündel, ein Gefäß der Unreinheit. Schau tiefer, Freund, schau tiefer! Weißt Du nicht, dass es heißt: ‚Schönheit ist nur der Oberfläche eitler Schein'?"

Der junge Mann fühlte sich beschämt und verwirrt, aber bevor er antworten konnte, sagte der Fremde mit ruhiger Stimme: „Ich sah weder Haut noch Knochen, weder Mann noch Weib – nur ein lebendes, dem Leiden preisgegebenes Mitwesen, und mein Herz wandte sich ihm in Liebe und Mitleid zu. Und indem ich so mein inneres Auge auf dieses Wesen richtete, nahm ich die tiefe Sehnsucht seiner Seele wahr, ein tiefinneres Verlangen nach Glückseligleit, nach Liebe, nach Erleuchtung und Befreiung. Und ich konnte durch all die Leiden und Täuschungen ungezählter Wiedergeburten die schließliche Verwirklichung dieses eingeborenen Lichtfunkens erschauen. Und es offenbarte sich mir eine größere Schönheit, eine Lieblichkeit, weit größer als die des Fleisches."

„Und dennoch steht geschrieben", murmelte der Ordensälteste, „Schönheit ist nur der Oberfläche eitler Schein."

Der Fremde lächelte. „Schaut tiefer, Freund, schaut tiefer! Warum bleibt Ihr auf halbem Wege stehen? Ist euer Bündel trockner Knochen der Wirklichkeit näher als die liebliche Oberfläche, die der Jüngling bewunderte?

Schönheit ist so tief wie unser Geist!

Dem flachen Geist ist sie nur Oberfläche, doch für den Geist eines Erleuchteten ist sie so tief wie das All!"

8. KAPITEL

Die Reise ins Licht

Nun, da ich auf dieses Lebens langen Weg zurückblicke, kann ich ihn durch eine weite, vielfältige Landschaft sich winden sehen, eine Landschaft, die von einem mächtigen Strom beherrscht wird: dem Strom geistiger Tradition, der ohne Anfang und Ende durch die Jahrtausende menschlichen Lebens und Strebens geflossen ist. Er verkörpert die Erfahrungen unzähliger Generationen von religiös ergriffenen Menschen: von Sehern und Sängern, Dichtern und Denkern, Künstlern und Gelehrten, Heiligen und Sündern. Die Quellen dieses Stroms sind die Erleuchteten, die sich immer unter den Menschen verkörpern, wie z.B. Buddha Shakyamuni, dessen Botschaft von solch universeller Bedeutung war, dass wir selbst nach zweieinhalb Jahrtausenden die Tiefe ihres Gehaltes und die Vielfältigkeit ihrer Ausdrucksmöglichkeiten und Verwirklichungswege noch nicht erschöpft haben.

Der besondere Aspekt, unter dem dieser Strom in meinem Leben erschien, war der von Buddha Shakyamuni geschaffene. Obwohl ich das Glück hatte, mich schon in meiner frühen Jugend über die wesentlichen Lehren der großen Weltreligionen informieren zu können, ohne nach der einen oder anderen Richtung gedrängt zu werden, wählte ich den Buddhismus, weil er meiner innersten Natur entsprach – und nicht, weil er mir durch das äußere Umfeld (wie Geburt oder Umgebung) aufgezwungen worden wäre. Ich war sicher lange vor meiner Geburt schon ein Buddhist.

Es ist jedoch interessant zu beobachten, wie uns zu verschiedenen Zeiten verschiedene Aspekte derselben Sache anziehen. Während in meiner Jugend die rationale Seite des Buddhismus und die historische Gestalt des Buddha im Vordergrund meiner religiösen Überzeugung standen, zeigten mir die Erfahrungen meiner späteren Jahre die Seichtheit intellektueller Argumente; sie überzeugten mich vom irrationalen (aber nicht *antirationalen*) Charakter der Wirklichkeit und von der über die historische Erscheinungsform hinausgehenden geistigen Natur des Buddha, durch die ein in weiter Vergangenheit liegendes Geschehen und Wirken zur lebendigen Gegenwart und zur Kraft der Verwirklichung in uns selbst wird.

Indem ich das Gleichnis des Stromes auf die Entwicklung und den Fluss buddhistischer Tradition während der letzten 2500 Jahre anwende, die seit dem *Parinirvana*, dem vollständigen Erlöschen des Buddha verflossen sind, leuchtet eine Vision in meinem Geist auf, welche die Reise auf diesem mächtigen Fluss und die unendliche Vielfalt der Eindrücke enthüllt, die diese Reise mir vermittelt hat. Ich will einige dieser Eindrücke hier zu beschreiben versuchen, obwohl ich mir der sehr persönlichen Natur derselben und der Beschränktheit aller Worte und Symbole bewusst bin.

Am Anfang war die Reise beherrscht von den mächtigen Bergen der Vier Edlen Wahrheiten: der Wahrheit vom Leiden, der Wahrheit seiner Ursachen, der Wahrheit der Leidensbefreiung und der Wahrheit vom Weg der Befreiung.

Der erste dieser Berge sah dunkel und unheimlich aus und war von Asche und schwarzem, vulkanischem Gestein bedeckt, das jeglicher Vegetation entbehrte. Über dem Gipfel hing eine indigofarbene Wolke wie der Mantel eines verhängnisvollen Schicksals.

Der zweite Berg spie Feuer und Rauch aus, und Ströme glühender Lava bedeckten die Abhänge mit roten Zungen, während ein Regen von Steinen und Feuer alles Leben um den Berg zermalmte und vernichtete. Und eine donnernde Stimme erfüllte die Luft: „Wahrlich, ich sage euch, die Welt steht in Flammen. Sie brennt mit dem Feuer der Gier, mit dem Feuer des Hasses und dem Feuer des Wahns!"

Der dritte Berg war in blendenden Sonnenschein getaucht, und der ewige Schnee seines Gipfels leuchtete im tiefblauen Himmel – überirdisch, rein, weltentrückt, allen Sterblichen unerreichbar.

Ein vierter Berg aber erhob sich in seiner Nähe in acht hohen Stufen. Und von der letzten und höchsten dieser Stufen ging eine vielfarbige Strahlung aus und warf eine Regenbogenbrücke zu dem weißen, leuchtenden Gipfel des dritten Berges, der sich hoch über alle anderen erhob.

Und wieder erfüllte die Stimme des Buddha die Luft: „Der Pfad der Befreiung ist gefunden, der Edle Achtfache Pfad, der durch rechte Anschauung, rechte Gesinnung, rechte Rede, rechtes Handeln, rechten Lebenserwerb, rechtes Bemühen, rechtes Überdenken und rechte Konzentration zur völligen Befreiung, zum Nirvana führt."

Am Fuße des Berges der Befreiung gab es liebliche Haine, und viele Pilger, die sich für den steilen Aufstieg vorbereiten wollten, zogen sich in ihren kühlen Frieden zurück, der ihnen vor der sengenden Hitze Schutz bot. Sie widmeten sich einem Leben der Entsagung und der Kontemplation. Sie bauten hohe Mauern, um der Welt und ihren störenden Einflüssen zu entgehen. Aber je mehr sie die Welt ausschlossen, desto weniger wurden sie jener mächtigen Berge gewahr; und das Rauschen des großen Flusses wurde schwächer und schwächer.

Schließlich waren die Mauern so hoch, dass selbst der Berg der Befreiung den Blicken entzogen war. Aber die Einsiedler bewahrten die Erinnerung an die vier Berge und den Achtfachen Pfad, der zum Gipfel des Berges der Befreiung führte; und sie schrieben gar manchen gelehrten Band über die Gefahren und Wunder jener Berge. Und obwohl die

Welt, die sie ausgeschlossen hatten, sie noch immer ernährte und kleidete, glaubten sie von ihr unabhängig geworden zu sein. Somit sahen sie keine Notwendigkeit mehr, ihren schützenden Hain zu verlassen und sich den Anstrengungen und Gefahren einer Bergbesteigung auszusetzen. Nur wenige von ihnen hatten den Versuch gemacht, und noch weniger waren erfolgreich gewesen. Diese Wenigen aber waren nie zurückgekehrt.

Der Fluss jedoch strömte wie immer. So vergingen viele Jahre in diesem kühlen, lieblichen Hain, bis eines Tages der Ruf des Flusses einige der Einsiedler erreichte, deren Drang nach Befreiung noch nicht eingeschläfert war. Und zur gleichen Zeit hörten sie auch den Ruf der Welt, die Stimmen unzähliger leidender Wesen, die das Tal des Flusses bewohnten und sich gleich ihnen nach Freiheit sehnten. Um sie alle zur Erlösung zu führen, bauten sie ein großes Schiff und begannen das Abenteuer der Flussreise. Je weiter sie aber fuhren, desto klarer wurde ihnen, dass der Fluss auf geheimnisvolle Weise gerade jenem Ziel zuführte, nach dem sie von jeher gestrebt hatten, und dass das Schiff Raum für alle Pilger hatte, wie viele sich auch dazugesellen mochten. Jeder war hier willkommen.

Und nun dämmerte es ihnen, dass der Achtfache Pfad direkt durch die Welt führt und dass der erste Schritt auf ihm in der Erkenntnis besteht, dass uns nichts von unseren Mitwanderern trennt außer der Illusion unserer Besonderheit oder Überlegenheit. Eine Welle warmer Liebe und innigen Mitgefühls brach aus ihren Herzen und umfing ihre Mitpilger und alles Lebendige, bis sie sich so weit offen und frei fühlten wie der weite Himmelsraum.

Ihr geistiger Pfad und der Fluss waren eins geworden, und sie strömten der sinkenden Sonne zu, in die der Fluss zu münden schien. Der Glanz des Wassers des Lebens vermischte sich mit den Strahlen der Sonne der Erleuchtung; und es schien, als erhielte der einsame Berg individueller

Erlösung seinen Glanz nur von dem reflektierenden Licht, das von dem Fluss und der sinkenden Sonne ausging, in die er floss.

Und die Strahlen der sinkenden Sonne waren erfüllt von unzähligen erleuchteten Wesen, Buddhas und Bodhisattvas: allen, die vordem den Großen Weg gegangen waren, und allen, die noch kommen sollten, um der Menschheit den Weg zu weisen – denn hier, im leuchtenden Bereich, in dem die Zeit ausgelöscht ist, sind Vergangenheit und Zukunft eins in der ewigen Gegenwart. Darum wird auch die sinkende Sonne, welcher der Fluss entgegenströmt, nie untergehen, und ihre Strahlen werden nie verlöschen für die Pilger, die dem Lauf des Flusses folgen.

So will ich enden mit der Anrufung des Buddha des Unendlichen Lichtes, der bei sinkender Sonne, wenn des Tages Werk getan ist, im Herzen erschaut wird:

Erhabener, der du in meinem Herzen lebst:
Erwecke mich zur Größe deines Wirkens,
Zu deiner Gegenwart gewaltigem Erleben,
Erlöse mich vom Banne des Begehrens,
Von kleinen Zieles Knechtschaft,
Vom Wahne enger Ichheit.

Erleuchte mich mit deiner Weisheit Licht!
Durchdringe mich mit deiner Liebe Glut,
Die auch das Dunkel einschließt und umfasst,
Wie das Licht den dunklen Kern der Flamme,
Wie der Mutter Liebe das neue Leben
Im Dunkel ihres Schoßes,
Wie der Erde Leib des Samens zarten Keim.

Lass mich deines lebendigen Lichtes Same sein!
Gib mir die Kraft, der Selbstheit Hülle zu sprengen,
Um, gleich dem Samenkorn,

Durch die Pforte des Todes
Zu größerem Leben zu erwachen:
Zum allumfassenden Leben deiner Liebe,
Zur allumfassenden Liebe deiner Weisheit.

Quellennachweis

1. Kapitel: Worte sind Siegel des Geistes
   - „Buddha und die Macht der Sprache", in: *Der Pfad*, 3.
     Jg. 1924/25.

2. Kapitel: Perspektiven des Buddhismus für die Welt von
   morgen
   - „Religionen können nicht intellektuell geschaffen wer-
     den", in: *Lebendiger Buddhismus im Abendland*,
     Bern/München/Wien: Barth, 1986, S. 13 ff.
   - „Buddhismus als lebendige Erfahrung", in: *Der Kreis*,
     Nr. 215, 1995, S. 6.

3. Kapitel: Sehen wie die Dinge sind
   - „Raum und Zeit und das Problem der Willensfreiheit",
     in: *Schöpferische Meditation und multidimensionales
     Bewusstsein*, Freiburg: Aurum, 1988, S. 282 ff.
   - „Einsicht und Glaube", in: *Lebendiger Buddhismus im
     Abendland*, Bern/München/Wien: Barth, 1986, S. 53 ff.
   - „Ein Leben frei von jedem Leiden ist ein Leben bar der
     Befähigung zum Mitleiden", in: *Das Buch der Ge-
     spräche – Im Dialog mit einem großen buddhistischen
     Meister*, Bern/München/Wien: Barth, 1998, S. 181 ff.

4. Kapitel: „Was sollen wir nun meditieren?", in: *Das Buch
   der Gespräche*, S. 183 ff.

5. Kapitel: Meditation als unmittelbare Erfahrung und geistige Haltung, in: *Schöpferische Meditation und multidimensionales Bewusstsein*, Freiburg: Aurum, 1988, S. 124 ff.

6. Kapitel: Das Bodhisattva-Ideal – ein Licht in der Dunkelheit unserer Zeit, in: *Lebendiger Buddhismus im Abendland*, Bern/München/Wien: Barth, 1986, S. 121 ff.

7. Kapitel: Die Schauung des Bodhisattva, in: *Mandala*, Zürich: Origo 1966, S. 166 ff.

8. Kapitel: Die Reise ins Licht, in: *Der Weg der weißen Wolken*, Bern/München/Wien: Barth, 1991, S. 427 ff.

Weitere Werke von Lama Govinda

Zu beziehen über den Herausgeber
- Bilder aus Indien und Tibet
- Die Umrisspausen der Tempelfresken von Tsaparang
- Der Legendenkranz vom Leben des Buddha
- Briefe einer Freundschaft zwischen Lama Govinda und Nyanaponika

Im Buchhandel erhältlich
- Die Dynamik des Geistes, Barth Verlag 1992
- Grundlagen tibetischer Mystik, Barth Verlag, 1991
- Der Stupa – Aurum Verlag, Freiburg 1978
- Die innere Struktur des I Ging, Aurum, 1993
- Buddhistische Reflexionen, Barth, 1993
- Der Weg der weißen Wolken, Barth 2000, Taschenbuch
- Einsichten eines Pilgers im Himalaya Dharma Publ. 1993

Vergriffen, Neuauflage geplant
- Mandala
- Schöpferische Meditation und multidimensinales Bewusstsein
- Lebendiger Buddhismus im Abendland

Publikationen zu Werk und Person
- Texte, Bilder und Dokumente aus dem Leben von Lama Govinda (Hrg: Prof. Dr. Detlef Kantowsky) Buddhistischer Modernismus, Bd. 12 (1996) ISBN 3-930959-08-9
- Der buddhistische Orden Arya Maitreya Mandala. Reli-

gionswissenschaftliche Darstellung einer westlich-bud-
dhistischen Gemeinschaft, von Dr. M. Baumann, REMID
3 1994
- Die großen Weg-Weiser: Lama Govinda. Einleitung u.
Zusammenstellung von Dr. P. Michel, Aquamarin Verlag
1999